JN246325

事例と対話で学ぶ

「いじめ」の法的対応

大阪弁護士会
子どもの権利委員会
いじめ問題研究会
編著

▶本書の発刊に寄せて

　子どもの権利委員会は、大阪弁護士会の委員会の中でも、特に若手が中心となって動いている委員会です。

　委員会では、日々新しく発生する子どもの権利に関わる取り組みが数多く行われています。

　しかし、学校における「いじめ」問題は、必ずしも新しい問題ではなく、古くからあるものです。

　ところが、現代は、インターネットの大きな発達、子どもたちの関係性の変化から、以前よりも、「いじめ」問題は複雑に、また、さらに深刻になってきたとさえ言えるかもしれません。

　重大な「いじめ」問題が数多く報道される中、本書でも取り上げている「いじめ防止対策推進法」が成立しましたが、残念ながら、成立から3年が経過してもなお、「いじめ」問題がなくなることはありません。

　このような背景から、本書は、「いじめ」被害に遭う子どもを少しでもなくしたいという思いから、子どもの権利委員会の有志が集まって「いじめ問題研究会」を作って、「いじめ」問題に向き合い、経験豊富なベテランと新進気鋭の若手が、子どもの立場、保護者の立場、学校の立場など、様々な立場から法律の内容を議論し、その結果をまとめたものです。

　Q&Aでは、法律ではどのような行為が「いじめ」に該当するのか、「いじめ」を認知した場合に、学校や保護者がどのように行動すべきか、といった基本的な内容から、子どもの生命や身体に危険が迫った「重大事態」に対しどのように対応するか、また、学校が「いじめ」に対して備えておくべき体制・組織についてまで言及しています。

　対話パートでは、具体的な「いじめ」の事例を想定し、これに対し、保護者側、学校側、それぞれの立場から相談を受ける弁護士が、具体的な「いじめ」に対する対応を議論し、子どもの立場からまとめる形となっており、「いじめ」で傷つく子どもの権利保護に向けた結論を考えるものとなっています。

　そして、これらの成果を踏まえ、学校現場で現に生じている問題点についてのディスカッションを行い、最後に、今後の「いじめ」対応に対するあるべき姿を提言しています。

　逐条的な解説ではありませんが、具体的な事案を想定した実践的な内容です。

　子どもにとって、学校は、家庭に次ぐ、大切な教育の現場であり、居場所です。本書が、子どもと教育に関わる多くの方の目にとまり、子どもたちが安全に学校に行くことができるお手伝いができれば幸いです。

2017年1月

大阪弁護士会

会長　山口　健一

▶はじめに

　平成23年10月に発生した大津市中2いじめ自殺事件は社会に大きな衝撃を与えました。同事件の第三者調査委員会の報告書をきっかけにして、対策のための議員立法提案がなされ、平成25年6月に、いじめの被害を受ける児童生徒の保護を図り、いじめへの厳格な対処を学校や教育委員会に求めることを志向した、いじめ防止対策推進法（以下、本法）が成立しました。

　大阪弁護士会の子どもの権利委員会では、同事件の第三者委員会の報告書を受けて学校におけるいじめ等案件の調査を担当する第三者委員会のあり方や弁護士委員の役割について協議するいじめ問題勉強会を設けて検討を続けてきました。勉強会に参加する弁護士の中には、保護者がわが子のいじめ被害からの救済のために学校や教育委員会と交渉を担当する親代理人活動を行っている者たちがおります。またその一方で教育委員会から依頼されて児童生徒と保護者などの問題について教員たちからの相談に乗って助言するスクールロイヤー活動を行っている者もおります。勿論、両者とも学校における子どもの権利保障の観点を重視する弁護士ばかりです。

　本法の施行のはじめは、本法が個別のいじめ被害救済に対して急な問題提起型となっていたためか、学校全体における子どもの権利保障の観点が薄い条文構成となっていました。そのため、親代理人活動上もスクールロイヤー活動上も、条項の解釈論に大きな幅が生じて当惑することが生じていました。そのようなときに、ある親代理人活動を行っている弁護士から、親代理人活動の立場からのいじめ被害救済に関連する条文についての解釈試論が勉強会に提起され、スクールロイヤー活動を行っている者からの批判的意見が出され、さらに親の立場の意見と学校側の意見からの解釈論に対し、学校におけるすべての子どもの権利保障を重視する立場の意見も出されるに至りまし

た。それら当勉強会の本法の保護者と学校教員に関わる条項に関する継続的な検討協議の結果出来上がったものが本書の原案です。

　本書は、本法の条文解釈を順に行う注釈書ではありません。本書では、本法について、教員の児童生徒と保護者への対応の課題の視点と保護者のいじめ被害からの救済活動の課題の視点、双方の意見を戦わせた結果を掲載しております。関係条文について、双方の立場の弁護士から見ても概ね合意できる条文解釈論をＱに対するＡとして説明しております。スクールロイヤーの立場と親代理人弁護士の立場とで、解釈が異なる本法第23条各項については、「事例＆ディスカッション」の項を別に立てて、事例をケースとして提示しており、親代理人の意見をＰ弁護士が代弁し、スクールロイヤーの意見をＴ弁護士が代弁し、学校全体における子どもの権利保障を重視する観点の意見をＣ教授に代弁してもらっています。

大阪弁護士会　子どもの権利委員会　いじめ問題研究会　一同

▶本書の利用にあたって

　本書は、「いじめ」に関する法的対応を解説する書籍ですが、逐条的にすべての条文を解説する形式はとっておらず、「いじめ防止対策推進法」（以下、本書では「本法」と記載することがあります）の中でも、「いじめ」に対する法的対応の中で、特に重要と思われる箇所を解説するものとなっています。

　第1章から第3章までは、本文が、おおむね2つのパートに分かれております。

条文とQ&A

　この部分は、特に重要と思われる条文について、その読み方や解釈を解説しています。本法を基本的なところから学んでみようとお考えの方は、ここからお読み下さい。

　Q&Aには、主な質問者を想定して記載しています。想定される質問者としては、保護者、学校（校長・教師）、教育委員会ですが、どの立場の方が読まれても参考になる内容となっています。

　後に述べる対話部分とは異なり、立場によって回答内容に大きな違いはないところですが、回答は、あくまで弁護士としての立場からあるべき法律の

解釈を示したものであって、国や裁判所の見解ではないことにご注意下さい。

事例と対話

　本書のメインとなる箇所です。Q&Aパートとは異なり、寄って立つ立場や考え方によって、解釈に違いが生じる可能性のある論点を、事例の検討とともに取り上げています。

　立場や考え方の背景については、次のとおり、3つに分けて考えています。

①P弁護士は、いじめの被害者側、とりわけ被害にあった子を持つ保護者の立場、気持ちを重視しています。

②T弁護士は、学校あるいは教師、教育委員会といった教育現場の側の視点を重視する立場です。

③C教授は、保護者、学校・教師いずれの立場に立つものでもなく、被害者、そして時に加害者となる「子ども」の権利を守ることを重視する考えに立っています。

　※P弁護士、T弁護士は、いずれも、具体的な特定の弁護士を想定しているものではありません。それぞれの立場を前提とした「あるべき弁護士」像を念頭に、回答を行っているものです。

　※C教授は、具体的な特定の人物を想定しているものではありませんし、学術的な視点に終始しているものでもありません。

　P弁護士、T弁護士、C教授、それぞれについて、いずれの立場が正しいというわけではなく、立場に応じて、いずれの見解も成り立ちうるものです。

　彼ら、彼女らの対話から、あるべき「法的対応」を学んで頂くことが、本書のねらいです。

　第4章では、現在施行されている本法について、施行後3年をめどとした見直しが進められていますが、この見直しに向けた法律の問題提起を行っています。

　子どもの権利を守る立場の弁護士から見た1つの見解・提案であり、大阪弁護士会の公式見解ではありませんので、ご注意下さい。

　最後に、第5章では、本法が施行されて現在、学校現場がどのような現状にあるのかについて、P弁護士、T弁護士、C教授の3名による対話形式の対談を行っています。現在の教育現場と「いじめ」を取り巻く状況を知る参考となるものです。

第1章
「いじめ」の定義

「いじめ」の定義について

▶条項「定義」のとらえ方Q＆A

第2条（定義）

　この法律において「いじめ」とは、児童等に対して、当該児童等が在籍する学校に在籍している等当該児童等と一定の人的関係にある他の児童等が行う心理的又は物理的な影響を与える行為（インターネットを通じて行われるものを含む。）であって、当該行為の対象となった児童等が心身の苦痛を感じているものをいう。

2　この法律において「学校」とは、学校教育法（昭和二十二年法律第二十六号）第一条に規定する小学校、中学校、高等学校、中等教育学校及び特別支援学校（幼稚部を除く。）をいう。

3　この法律において「児童等」とは、学校に在籍する児童又は生徒をいう。

4　この法律において「保護者」とは、親権を行う者（親権を行う者のないときは、未成年後見人）をいう。

Q 1 ── 保護者・教師・教育委員会 ●
いじめの定義について、従来の定義と変わった点はありますか？

❶従来の定義として、平成18年10月19日付の「いじめ問題への取り組みの徹底について（初中局長通知）」添付「いじめ問題への取り組みについてのチェックポイント」では、「一般的に『①自分より弱い者に対して一方的に、②身体的・心理的な攻撃を継続的に加え、③相手方が深刻な苦痛を感じているもの』とされているが、個々の行為がいじめに当たるか否か判断は、表面的・形式的に行うことなく、いじめられた児童生徒の立場に立って行うことに留意する必要がある。」としていました。

　裁判所の定義では、東京地裁八王子支部平成3年9月26日判決が「学校及びその周辺において、生徒の間で、一定の者から特定の者に対し、集中的、継続的に繰り返されるものであり、具体的には、心理的なものとして『仲間はずし』、『無視』、『悪口』等が、物理的なものとして、『物を隠す』、『物を壊す』等が、暴力的なものとして、『殴る』、『蹴る』等が考えられる。」、福岡高裁平成14年8月30日判決が「自分より弱い立場にある者に対して、一方的な身体的・心理的な攻撃を継続的に加え、相手に深刻な苦痛を感じさせるもの」などとされています。

　いじめ防止対策推進法（以下、本法）では、改めて法律で「いじめ」が定義されました。

　しかし、国の定めた基本方針で挙げられる具体例は、法律が制定される以前から大きな変更はありません。

　したがって、これまで想定されていた「いじめ」の内容に大きな変更はないと考えられます。

　もっとも、「児童等が心身の苦痛を感じているもの」という被害者の主観面を要件とした点が大きな着目点であり、法は、被害者の立場に立つことを鮮明に求めているといえます。

Q₂ ── 保護者・教師・教育委員会 ●

いじめの定義のうち、
「当該児童等と一定の人的関係にある他の児童等が行う」とは
どのような意味ですか？

❹国の定めた基本方針によれば、学校内外を問わず、同じ学校・学級や部活動の児童生徒のほか、塾やスポーツクラブ等当該児童が関わっている仲間や集団（グループ）など、当該児童生徒と何らかの人間関係があることを指すとされています。

　何らの人的関係にない者への行為、人的関係を前提としない行為以外であればよく、ここには、多くの行為が含まれるといえます。

Q₃ ── 保護者・教師・教育委員会 ●

いじめの定義のうち、
「心理的又は物理的な影響を与える行為」とは
どのような意味ですか？

❹暴力などの行為は、当然含まれることになります。

　また、悪口や無視のような精神的に負担となる行為のほかにも、身体的な影響を及ぼさずとも、金品のたかり、金品の隠匿、望まないことをさせられるといった行為が含まれます。

　具体例としては、次のとおりです（平成24年8月1日「いじめの問題に関する児童生徒の実態把握並びに教育委員会及び学校の取り組み状況に係る緊急調査」）。

- 冷やかしやからかい、悪口や脅し文句、嫌なことを言われる。
- 仲間はずれ、集団による無視をされる。
- 軽くぶつかられたり、遊ぶふりをして叩かれたり、蹴られたりする。
- ひどくぶつかられたり、叩かれたり、蹴られたりする。
- 金品をたかられる。
- 金品を隠されたり、盗まれたり、壊されたり、捨てられたりする。
- 嫌なことや恥ずかしいこと、危険なことをされたり、させられたりする。
- パソコンや携帯電話等で、誹謗中傷や嫌なことをされる。

Q4 保護者・教師・教育委員会 ●

いじめの定義で、
「インターネットを通じて行われるものを含む」とされているのは
どのような意味ですか？

Ⓐ通信技術の急速な発達は、新しい類型の「いじめ」を生み出しました。

　以前からも、恥ずかしい写真、撮影されたくない写真を携帯電話で撮影するといったことは、「いじめ」として行われることもありました。

　現在、これまで以上に通信技術は発達し、携帯電話・スマートフォンは、子どもたちにとって生まれたときから存在する身近なツールとなっています。

　ソーシャルネットワーキングサービス（SNS）なども、広く利用されるようになり、インターネット上で誹謗中傷を受けるといったことも、よく見られる「いじめ」の類型となっています。

　このような新しい類型といえる「いじめ」に対して、本法は条文を設けて対応を定めており（19条）、学校や教師が、生徒らに適切な指導を行うこと、また十分に対応できる知識・スキルを持つこと等が要請されています。

Q5 教師 ●
本法で「いじめ」に該当する場合、本法以外の法律上でも
何らかの義務が発生し、当該義務違反が損害賠償等の
根拠とされることがありますか？

Ⓐ本法は「ものとする」との表現をとる条文が多く存在します。
このような表現は、「しなければならない」といった規定に比べると表現と
しては弱いながらも、一定の義務を定めたものと解釈できます。

　本法では、上記のような表現を前提に、学校の設置者（たる教育委員会）、
学校、教師に対して様々な義務を定めているととらえられる規定が多々あ
ります。

　現時点で本法に定められた各種義務に違反した場合に、直ちに義務違反
者が賠償義務を負うかどうかについての裁判所の判断はないようです。

　しかし、本法に定めた各種義務に違反し、「いじめ」の事実が発覚した
後も「いじめ」被害が継続しあるいは「いじめ」被害が拡大し続けるよう
な場合には、被害生徒の受けた損害は、当該義務違反と相当因果関係があ
ると認められ、損害賠償の対象となる可能性があると考えられます。

Q6 保護者・教師・教育委員会 ●
本法では、程度を問わず、定義に該当すれば、
すべて「いじめ」に該当するという理解で良いのですか？

Ⓐ法律の定義では、特に、「いじめ」の程度については触れられていない
ので、法律に定める定義に該当すれば、それはすべて「いじめ」として対
応することを求めているものといえます。

　ただ、国の定める基本方針では、「いじめに当たると判断した場合にも、その全てが厳しい指導を要する場合であるとは限らない」とも定めており、「いじめ」に該当することを前提として、事案に応じた対応を吟味することも必要です。

▶ディスカッション①： 「いじめ」の定義の解釈【問題の所在】

　いじめに当たるか否かの判断は、表面的・形式的に行うことなく、いじめられた児童生徒の立場に立って行う必要があり（平成 6 年度定義で追加）、「いじめられた児童生徒の立場に立って」とは、いじめられたとする児童生徒の気持ちを重視すること（平成 18 年度新定義で注釈）とされています。

　法律の定義は、被害を受けたとする者の主観を重視し、広くいじめを肯定し得るものとなっていますが、限定解釈の必要はないのでしょうか？

P弁護士

　▶過去、「いじめ」の被害に遭った生徒がいても、「いじめ」ではないとして、隠蔽されてきたことも多かったのではないでしょうか。

　法律が制定されたことで、学校がいじめを放置せず、とにかく、まずは「いじめ」に対して何らかの対応をすべきだというメッセージが発せられたことが重要です。

▶メッセージの重要性は理解しますが、本法の定義はあまりに広すぎるのではありませんか。

▶「無視」などの不作為についても「いじめ」としての対応の必要性があることは当然です。

　また、外形上は同じように見える行為でも、子どもの間の関係性や背景事情によっては、被害者が心身に苦痛を感じることがあり得ることも考慮されるべきです。

　被害児童と保護者を救済するためには、本法のように「いじめ」の定義を広くとらえて、学校や教師に具体的な対応を求めることは、極めて正当だといえます。

▶そのように考えると、比較的、軽微な「いじめ」事案にまで、学校現場の活動に過重な負担が生じる懸念があったり、「いじめ」を防止しようとするあまり過剰な規制的指導に陥るリスクが生じたりすることが指摘できるのではないでしょうか。つまり、

①　被害児童の主観に大きく依拠する結果、「いじめ」が極めて広く認められるようになり、教師や学校の設置者にとって、過重な負担となることが想定されます。そればかりか、およそ現実的ではない事態までいじめとして認められる事案が生じるおそれがあるのではないですか。

　また、

②　後日「いじめ」に該当すると判断されることを未然に防

止するために、一律に児童等の自由な生活領域にまで踏み
込んで画一的な規制的指導を行うようなことになりかねな
いのではないですか。

P弁護士

▶それらの事由は、被害児童と保護者を放置して良い理由と
はなりません。

　そのような理由で法律が対応を求めていることを回避する
ことは、本末転倒で許されないというべきでしょう。

　Ｔ弁護士が指摘されたリスクを防止するためには、次のよ
うな手段が考えられるでしょう。

①　現場の過重負担の懸念については、「いじめ」問題だけ
　ではなく、多くのことが学校に求められる現状から理解で
　きるところではあります。しかし、法の実効性を高めるた
　めに、国及び地方公共団体が、本法によって従来以上の取
　り組みが求められる結果となった学校現場の過重な負担の
　把握を適切に行い、予算をつけて加配等の職員増を図り、
　複数対応や適切な対応力のスキルアップのための職員研
　修等によって解決が図られるべき問題でしょう。

②　過剰な規制的指導に陥る懸念については、教育の本質に
　関わる問題であり、まずは、そのような過剰対応に陥らな
　い意識こそが必要です。この点も、国及び地方公共団体が、
　法の実効性を高めるために、①で指摘した方策を適切に図
　ることによって、解消されていくはずです。

●P弁護士、T弁護士いずれのご指摘も、重要な視点です。

C教授

　ただ、「いじめ」の事象は、実際には複合的かつ流動的で本法が定義するような一方的かつ単純なものではありません。

　本法の定義に該当すれば様々な措置が講じられる仕組みであることから、逆に、きちんと対応できる力量のある教師が、背景事情を考慮しながら適切に問題解決を図る枠組みが軽視され、結果、教育現場が硬直しないような工夫が必要と思われます。

　では、具体的に2人の見解を前提に事案を考えてみましょう。

　次の事案では、「いじめ」が認められるでしょうか。

【ケース1】一見ウケ狙いに見える事例（笑っていても「いじめ」になることがある）

　お調子者の小学校3年男子Xは、サルの物まねをしたことから「サル」のあだ名で呼ばれるようになり、それ以降も皆から言われるとサルの物まねを披露していた。ある日、Xが「『サル』って言うな」と言ったところ、どっと笑いが起こった。Xの表情がごまかし笑いのようで少し様子が変だったが、ウケ狙いのようにも見えたので、先生も笑ってスルーした。

P弁護士

　▶サルといったあだ名で呼ぶ行為は、本人の心理的または物理的な影響を与える行為になるでしょう。

　動物の名前を使ったあだ名は、外貌等を揶揄する形でつけられることがほとんどです。

　X君の様子が「ごまかし笑いのようで少し様子が変だった」というのですから、X君の心身の苦痛の可能性を意識した学校と教師の対応が必要ではないですか。

　X君が心身の苦痛を感じているのなら「いじめ」に該当するというべきです。

　本人が「いじめ」ではないと言ったとしても「いじめ」の場合があることに注意を要することは過去の例を見ても明らかでしょう。

▶あだ名で呼ぶ行為は、呼ばれる本人が心身の苦痛を感じていれば、常に「いじめ」になってしまうと解さざるを得なくなるのではないですか。

　そうすると、あだ名で呼ぶ行為を一律に禁じるしかなくなってしまいます。

　そのような事態は、実際の学校現場には馴染まないのではないでしょうか。

▶あだ名で呼ばれている以上、仮に「ウケ狙い」であったとしても、常に「いじめ」に該当するリスクがあることを、まず教員が意識するべきですよ。

▶しかし、たとえば、「たつや」君が「たっくん」と呼ばれるような場合、心身の苦痛を感じるというほどのことではないはずです。

　つまり、被害者の主観を重視する本法の立法趣旨は尊重さ

れるべきとしても、このような場合まで「いじめ」に該当するとするのは、あまりに広すぎて現実的ではないでしょう。

　「心身の苦痛を感じている」とは、確かに、被害者を基準として、その該当性を決すべきものです。

　しかし、言われたときには、さほど苦痛に感じていなかったものの、その後の状況の変化（クラスの中での居場所や人間関係がしんどくなったといったようなこと）によって、いわば後付け的に、心身の苦痛を感じていたと訴える例があるはずです。さすがに、このような場合まで、最初から「心身に苦痛を感じているもの」として扱わなければならないものではないでしょう。

▶そうは言っても、被害に遭っていることには変わりないでしょう。

▶子どものごまかし笑いの背景にある事情に気づけないような教員であれば、あまねくあだ名を禁止するか、あだ名で呼ばれている児童等に対しては、個別に不快に思っていないかを確認しないことには、「いじめ」の該当性を払しょくできる術はないことになります。

　このような事態は、過度に児童の私的領域に踏む込むことになるおそれがあります。

●一見ウケ狙いであったとしても、いじめに該当する可能性があることは、学校・教師の側も十分知っておく必要が

あるでしょうね。

　少なくとも、学校・教師は、生徒本人からの申告があった場合に備え、組織的対応ができるような体制は整えておくべきですし、法律も実際に組織作りを要請しています。

　あだ名の一律の禁止というのはやや極端としても、個別に生徒の意向を聴取するなどの対応も検討されてはどうでしょうか。

【ケース2】被害者が「遊んでただけ」と言った事例（「いじめ」の加害者にはよくある言い分）

　プロレスごっこがはやっている。1学期には、お互いが技のかけ合いをしていたが、どうやら2学期になってXがいつも技をかけられてばかりのようだ。

　クラスの子が「大丈夫？」と声をかけたら、Xは「大丈夫」と笑って答えた。

　ある日、別のクラスの先生が通りかかった際、Xが「ギブギブ。もうやめて〜」と言っていたのを目撃したので、「あなたたち、何やってるの!?」と言ったところ、周囲の子たちは「遊んでるだけ〜」と言った。Xに尋ねても、Xも「遊び」と言った。

　先生は、Xに元気がないように見えたのが気になったが、Xが「遊び」と言うので、「くれぐれも気をつけてね。」と言い残して、その場を去った。

▶こういった事案も、実際によく見られると思いますが、法律に定める「いじめ」に該当するというべきでしょう。

　衆議院での附帯決議を見ても、「心身の苦痛を感じているもの」との要件は、限定して解釈されることのないようにする必要があります。

　「いじめ」を受けていても、親に知られたくない、周りに知られたくないなど、様々な配慮から、本人がそれを否定する場合は容易に想定できるはずです。

　当該児童生徒の表情や様子をきめ細かく観察するなどして確認する必要があります。

　国の基本指針にも記載のあるとおりです。

　本件でも、Ｘ自身も「遊び」とは回答していますが、周囲の子たちが「遊んでいるだけ〜」と言ってからの反応であったこと、いつも技をかけられてばかりのようでクラスの子が「大丈夫？」と声をかけたくなるような状況だったこと、教師の目から見てもＸに元気がないように見えたのが気になった、といった事情があるのですから、Ｘが心身の苦痛を感じている可能性は極めて高いでしょう。

▶Ｐ弁護士の言うように、「遊び」と言っていたとしても、いじめに該当する場合があることは間違いないでしょう。

　ただ、教師もその場で声かけをしていること、周囲の生徒だけではなく被害者の可能性のあるＸからも事情の聴取をしていること、「やりすぎないようにくれぐれも気をつけてね。」と言い残していることなどを踏まえると、現場の対応として、問題があったとは考えにくいのではないでしょうか。

▶Xが友人から「大丈夫？」と声をかけられた際に、「大丈夫」と答えている点についても、「いじめられていても、本人がそれを否定する場合が多々ある」という一場面であり、限定解釈されることのないように注意が必要です。

こういったことが、教師の黙認ととらえられ、さらにエスカレートしていくリスクもあります。

「いじめ」の該当性は極めて高く、速やかな教師の関わりが求められる事案です。

▶先ほど述べた以上の対応が教師に要請されるとすれば、教師に過重な負担が生じることもあり、「プロレスごっこ」、ひいては、「身体の接触を伴う遊び」を禁じるということにもつながっていきます。

一方が少しでも苦痛を感じるような「遊び」について、いかに生徒らが楽しいと考えたとしても、一律に禁止するような過剰規制が生じるのではないでしょうか。

●一方の心身に苦痛を与えているのですから、本件では「いじめ」に該当すると見るべきでしょう。

教師としては、注意深く「遊び」の様子をチェックして、その都度、痛めつけられている者に意向や状態などを確認しておく必要があるといえます。

今後の被害拡大を防止するためにも、学校内での情報共有は行っておくべきですから、目撃した教師としても、今回の件を、担任教師に伝える、管理職に報告するなど行っておくべき事案です。

【ケース3】加害者被害者の関係が一方的ではない事例（「いじめ」被害者・加害者は流動的？）

　小学校4年男子Yは、日頃から口が悪く、クラスの子らに対して「おもろないんじゃ」、「お前馬鹿か」等と発言していた。あるとき、級友の中でも仲の良い2名がYの言葉に腹を立て、「おまえ、前から思っていたけど、いつもうっとうしいんや。」と発言をした。Yはショックで不登校になった。

　Yの父親がYの不登校に激昂して、学校に対して、複数の子どもから暴言を受けたとして、いじめとして対応するよう要求してきた。

P弁護士

▶複数人からの暴言であり、それによってYがショックで不登校になったというのであるから、「いじめ」に該当することは明らかです。

T弁護士

▶Yが不登校に至る経緯にY自身の課題も見える事案ですが、P弁護士は「いじめ」に該当すると考えるのですね。

P弁護士

▶今のご指摘は、あくまで加害に至る動機に過ぎず、Yに対する「いじめ」の加害行為の違法性を阻却するものではないでしょう。

被害児童の課題については、環境整備という観点から別途検討すべきことだと思いますが、両者を同一平面でとらえるべきではありません。

●「いじめ」の事象は、実際は、複合的・流動的で、本法の定義だけですべてに妥当するような、一方的かつ単純なものではありません。

本法の定義では、教師が、子どもたちの様々な背景事情を考慮しながら、適切に問題解決を図る枠組みが軽視されないか懸念されるところもあります。

▶私の考えを前提としても、この件は、法律の定義から、やはり「いじめ」に該当すると考えるべきとは思います。

現時点で見れば、被害・加害は明らかかもしれません。

しかし、過去に被害児童が繰り返していた言動を検討すれば、「いじめ」の加害者と被害者がまったく逆になる可能性もあるはずです。Yが単純な被害者といえるかどうかの見極めは必要でしょう。

本件でも結局、適切な調査をすれば、発言をしたクラスメイト2名のみならず、Yも「いじめ」を行っていたこととなるのではないでしょうか。

●加害者となってしまったクラスメイト2名の行為が、問題解決のためのアプローチではなく、Yへの暴言となっており、不相当であることは疑いありません。

ただ、安直なけんか両成敗的な対応は、問題点把握が深まらず、子どもらの関係改善につながらないリスクもあるので注意が必要です。

　　加害者側に対して、アプローチが必要だと考えられますが、その関係とは別に被害者とされるＹにも教育指導は必要です。

　　Ｙの従来指導はどうしていたのかとの関係で、このタイミングでするか、ここはいったん被害者の位置づけでスルーして見守り、次の指導チャンスでアプローチするか等も含め、Ｙに対しても従前の行動に対する指導等がなされなければならないといえます。

　　それぞれの生徒の課題を整理し、クラス内での児童関係の問題を共有化するなどして、「いじめ」につながる環境をなくすようにするべきでしょう。

▶ディスカッション②：
2条1項の「いじめ」該当性の効果
【ケース2関連】

　　ケース2を前提として、学校が、「いじめ」としての認定をしなかったため、いじめによる被害が継続したとして損害賠償請求をされました。

　　この場合、学校・教師が法的責任を負担すべき場合があるのでしょうか。

P弁護士　▶一般論として、学校教育の場における教育活動及びこれと密接に関連する生活関係については、校長をはじめとする教職員らに、児童生徒の生命身体等の安全に万全を期すべき義務があります。

　本法が「いじめ」がある場合に、学校・教師に一定の義務を課したことも、その延長ととらえられるのではないでしょうか。

　そうであれば、学校について、本法に定める義務に違反すれば賠償の対象ともなると解釈した方が被害側は救済されるように思いますが。

▶本法は、あくまで国や公共団体、学校の設置者に対して公法上の義務を定めたもので、本法に違反したことから、直ちに児童生徒や保護者に対する損害賠償義務を負うものではないと解するべきでしょう。

▶もちろん、損害論や因果関係論など不法行為の成立のための他の各要件を満たす必要はあるでしょう。

　しかし、児童生徒の生命身体等に関わる事故が発生した場合、その事故発生が予見可能であり回避可能であるにもかかわらず、その注意義務を怠れば過失が認められ、児童生徒が被った損害を賠償すべき法的責任が発生することになります。

　本法で定められた責務及び実践態様については、その過失の有無を判断するための基礎事実の一つとなることは当然でしょう。

　いじめが社会問題化し本法が制定されたという経緯に鑑みれば、法で規定されている責務を果たさず「いじめ」被害を放置することは、あってはならないものです。

▶現実には、今後、法律に違反したことは、学校の設置者
等の注意義務違反を構成する可能性が高いため、法に定め
る行為を怠った場合は、賠償の対象となるケースも出るで
しょう。

　そのような意味で、本法の「定義」は、かかる責任発生根
拠を新たに生むものではなく、あくまで予防を目的とした訓
示的な責任と理解すべきではないでしょうか。

▶ケース2では、学校・教師は「いじめ」があることを前提
に対応するべきでしょう。したがって、本法23条等の措置
をとらないことは義務違反にはなるといえます。

　もっとも、悪口を言われて嫌だったが、回数や行為態様が
必ずしも重大ではなく、かつ、被害児童生徒の心身への悪影
響の顕在化が認められないような事案では、損害が認められ
ない場合というのはあり得ることかもしれません。

▶実際の教育現場において、ケース1のような場合、周囲の
教師が「あだ名」をやめさせなかったことで、不登校や被害
児童の精神的不調の責任を負うべきであるとするのは、教師
の責任負担を過重なものとし、およそ現実的ではないのでは
ないでしょうか。

　「あだ名」で呼ぶことが本法の「いじめ」に該当し、教師
がそれをやめさせなかったことで対象者に精神的不調が招来
されたとしても、直ちに損害賠償義務が発生するわけではな
いと考えるべきです。

　本件の場合、目撃した段階で即座に声かけしていること、

周囲のみならず直接Xに問いかけをしていること、その場を去る際に「やりすぎないようにくれぐれも気をつけてね。」と注意していることからすれば、教師としての注意義務は尽くされており、賠償の基礎となる過失はないと解するべきでしょう。

C教授

●T弁護士のご指摘もわかりますが、いじめを防止するためには、教師のスキルも重要です。

単に声かけをしたから、注意義務はないとするのではなく、その場面ごとの対応を適切に行えることが、まずは大事ではないでしょうか。

第 2 章
実際に「いじめ」に遭遇したら

学校・教師の具体的対応

1 通常時の「いじめ」対応

▶条項別 Q & A 【PART1●通常時の「いじめ」対応】

第23条1項（学校への通報）

　学校の教職員、地方公共団体の職員その他の児童等からの相談に応じる者及び児童等の保護者は、児童等からいじめに係る相談を受けた場合において、いじめの事実があると思われるときは、いじめを受けたと思われる児童等が在籍する学校への通報その他の適切な措置をとるものとする。

Q 1 ── 保護者・学校・教育委員会 ●

次に挙げる人は、第23条1項にいう
「学校への通報その他の適切な措置をとる」者に含まれるのでしょうか。

①民間の子ども相談室の相談員

②スクールカウンセラー

③弁護士会の電話相談を担当している弁護士

④学習塾の教師

⑤スポーツクラブの講師

❹第23条１項では、「学校の教職員、地方公共団体の職員その他の児童等から相談に応じる者及び児童等の保護者」が名宛人とされています。質問の①〜⑤の人たちについては、「その他の児童等から相談に応じる者」として同条項の名宛人となるか問題となります。

　「その他の児童等から相談に応じる者」は、「学校の教職員、地方公共団体の職員」といった例示に続いて規定されており、このような条文の体裁からすると、同条項の名宛人としての「児童等から相談に応じる者」は「学校の教職員、地方公共団体の職員」に準ずる地位にある者が想定されているものと考えられます。

　質問の①〜③の人たちはその地位に基づいて児童からの相談に応じるべき者といえますので、「児童からの相談に応じる」という点では「学校の教職員、地方公共団体の職員」に準じる地位にあるといえ、同条項の対象と考えられます。これに対し、④及び⑤の人たちは、こうした地位にあるとはいえず、同条の対象には含まれないと考えられます。

Q2 ── スクールカウンセラー ●

私はスクールカウンセラーですが、
いじめを受けているという子どもからの相談を受けました。
学校に必ずいじめの事実を通報しなければならないのでしょうか。
通報以外にも、他の対応が考えられるのでしょうか。

❹上記Q1のとおり、児童等から相談を受けたスクールカウンセラーは「児童等から相談に応じる者」に当たるため、第23条１項の対象と考えられます。

　「児童からの相談に応じる者」に求められているのは「適切な措置をとる」ことであって、「学校への通報」はその例示に過ぎません。したがって、「児

童からの相談に応じる者」が、学校へ通報をするか、それ以外に適切な措置をとるかは、その人の判断に委ねられていると考えられます。具体的事案において、学校への通報が相当でなく、他により適切な措置が考えられる場合には、通報以外の手段をとることも考えられます。

　なお、立法提案者の一人の小西議員の著書（『いじめ防止対策推進法の解説と具体策』WAVE出版）156頁では、「学校の通報について、適切な措置の例示とされており、一律に学校への通報義務を課したものではありません。学校に通報を行うことが被害児童等の相談を受けた民間団体等の機関の運営の前提を損なう場合（相談内容を外に出さないと表示している場合等）や、相談を受けた者がその専門的な判断に基づき被害児童等の尊厳を守るためには学校への通報に代わる何らかの措置が必要であると判断した場合等、学校への通報以外の適切な措置でとどまる場合もあり得るものと考えます。」とされています。

Q 3　学校・教師 ●
法に定める「その他の適切な措置」とは具体的に、
どのようなものを想定していますか。

❷学校の教職員及び地方公共団体の職員については、基本的に、学校への通報が求められていると考えるべきです。

　これに対し、「その他の児童等からの相談に応じる者」については、その地位に基づいてとり得る適切な措置があるものと考えられます。

　たとえば、いじめの申告を受けたとしても、加害者が特定できないなど、その実態が必ずしも把握できない場合も想定できます。そのような場合には、「注意深く状況を見守りつつ、相談を継続して、実態の把握に努める。」という対応も考えられます。

　もっとも、このような対応は客観的・外形的には、単なる「不作為」に見えてしまいます。そのため、このような対応は、仮に保護者から問責された場合にも適切にその必要性が説明でき、学校への通報等の他の措置よりも合理的であると考えられる場合に、限定的に許されるものと考えられます。

Q4 ─ 弁護士 ●

私は弁護士会の電話相談を担当している弁護士ですが、
いじめを受けているという子どもからの相談を受けました。
弁護士には守秘義務が課せられていますが、
学校への通報は義務でしょうか。

❹電話相談を受けた弁護士も、「児童等から相談に応じる者」に当たるため、第23条1項の対象と考えられます。

　もっとも、弁護士会が「相談者の秘密を守ります」と表示して相談を受けている場合には、学校への通報がその運営の前提を損なう可能性があることは明らかです。相談に応じる者は「その他の適切な措置をとる」ことも可能であり、「学校への通報」は義務ではありません。

　また、弁護士が学校への通報が適切な措置であると判断したとしても、守秘義務を定めた弁護士法23条（弁護士は、職務上知り得た秘密を保持する権利を有し、義務を負う。但し、法律に別段の定めがある場合はこの限りでない。）との関係で、弁護士による通報義務が問題となります。

　児童虐待防止法6条第1項は、児童虐待を「発見した者は、児童相談所に通告しなければならない。」として広く通告義務を課し、同条第3項は「刑法の秘密漏示罪の規定その他の守秘義務に関する法律の規定は、第1項の規定による通告をする義務の遵守を妨げるものと解釈してはならない。」

との規定すら置いています。したがって、児童虐待防止法上は守秘義務より通報義務を優先させるべきとされています。

ところが、本法ではそこまでの規定がないため、本法上も同様に考えるべきか疑問があります。

弁護士会が行う電話相談では、弁護士法23条の制約があるため、相談担当弁護士が、相談する子どもや親からいじめの事実を聞いて「いじめがあると思った」としても、それだけで学校に通報することは弁護士法に違反するおそれが否定できません。

したがって、弁護士は、子どもからの相談で、「いじめがある可能性があると思った」と判断した場合でも、子ども本人あるいはその保護者から了解を得ない限り、学校へ通報する責務を負わないのみならず、守秘義務との関係では通報してはならないものと考えられます。

そのように解したとしても、児童虐待防止法6条の「通報義務」と異なり、本法23条1項は通報以外に「その他適切な措置」を定めておりますので、これを実施すれば足ります。たとえば、その子どもに「親に相談し、学校の信頼できる先生に上手に相談したらどうか。必要なら親に口添えしてあげることもできる。」などと回答することも、本条項にいう「その他適切な措置」をとったものと考えるのが相当と思われます。

Q5 — 保護者 ●

私の子どもはいじめられていることを
養護教諭に相談していたのですが、いじめはなくならず、
ついに子どもは不登校に至ってしまいました。その養護教諭は
校長にいじめの事実を知らせていなかったそうなのですが、
このことを理由に養護教諭に対して
損害賠償を請求できないでしょうか。仮に相談をしていたのが
担任の教師であった場合はどうでしょうか。

Ⓐそもそも本法は公法に分類され、本条項が措置をとるべき主体に対する直接的な裁判規範ではないと考えられます。すなわち、本法23条1項に定められた義務違反が、直接保護者との関係で賠償責任に直結するわけではありません。

　しかし、現実には、本法23条1項の責務を怠ったことにより、国家賠償法違反や債務不履行責任等による責任追及がなされる場面〔義務違反〕は当然想定され、今後は、直接的ではないにせよ、本法23条1項違反が国家賠償法における過失を構成する義務違反になることはあり得ると思われます。

第23条2項（事実確認等）

　学校は、前項の規定による通報を受けたときその他当該学校に在籍する児童等がいじめを受けていると思われるときは、速やかに、当該児童等に係るいじめの事実の有無の確認を行うための措置を講ずるとともに、その結果を当該学校の設置者に報告するものとする。

Q1 ── 校長●

本校のスクールカウンセラーから、いじめの相談があった、との通報がありましたが、その相談内容は、とてもいじめに当たるようなものではありませんでした。校長の判断で、特段、事実確認をしないこととしても良いでしょうか。

Ⓐスクールカウンセラーからの通報を受けたのですから、当該児童から聴き取りを行うことは必須です。それさえ行わずに学校がいじめがなかっ

たと判断し、事実確認をしないということは、法律の規定から認められません。

Q2 ── 校長 ●
通報を受けて行った事実確認の結果、
確かに、「いじめ」の事実はあったものの、
それは過去の短期間の仲間はずれであり、既に、仲間はずれは
なくなっているようです。
このような場合でも、学校は確認の結果を学校の設置者に
報告しなければならないのでしょうか。

❶本法は「いじめの事実の有無の確認を行うための措置を講ずるとともに、その結果を当該学校の設置者に報告するものとする」と定めているのですから、いじめの有無を確認した以上、学校はその結果を、公立の場合であれは、学校の設置者たる教育委員会に報告しなければなりません。

Q3 ── 校長 ●
いじめの通報を受けたため、
学校として事実確認を行う予定ですが、どのような
確認方法が考えられるでしょうか。

❶まずは、被害生徒からの聴き取りを丁寧に行うことが必要です。その際、被害生徒は、親やまわりの人たちに心配をかけたくない等周囲との関係から、被害を申告しにくかったり、過小に申告したりすることがあり得ると

いうことを十分に理解し、被害生徒に寄り添い傾聴することが大切です。

　スクールカウンセラーの協力も不可欠でしょう。

　さらに、加害生徒からの聴き取り、周囲の生徒への聴き取り、アンケート調査の実施と、確認対象を広げていくことが考えられます。なお、加害生徒が複数の場合には、正確な事実確認を行うために、別に部屋を設けて同時に行うことが望ましいです。

> ## Q4 ── 校長 ●
>
> **いじめの通報を受けたため、学校として当該いじめに関して
> 事実確認を行う予定ですが、本校内において
> 他にいじめに該当する事実がないか、
> 広く確認を行わなければならないのでしょうか。**

Ⓐ当該児童の過去のいじめであっても時期が近接するなど当該いじめと関連するものについては確認の対象になります。

　また、当該いじめの背景や原因を探っていく中で、別のいじめの事実が判明すれば、新たに判明したその別のいじめも新たに調査対象となります。

　なお、本法16条1項で学校の設置者及びその設置する学校は、当該学校におけるいじめの早期発見のため定期的な調査その他必要な措置を講ずるものとされていますので、広く行う調査は定期的に実施しなければなりません。

法律では、通報を受けた学校は
「速やかに」事実の有無の確認を行うための措置を講ずるものと
されていますが、どれくらいの期間の内に
行わなければならないのでしょうか。
また、「速やかに」は、確認だけでなく、報告まで行うことも
要求されるのでしょうか。

Ⓐ「速やかに」とは、法的には、2、3日以内と理解されます。事案の解明のためには初動調査は極めて重要ですから、2、3日以内には学校は調査に着手すべきです。

　また、今後の対応等のためには、早期に学校の設置者たる教育委員会との情報共有がなされるべきですから、結果報告も速やかになされるべきです。仮に中間報告をはさむとしても、1、2週間以内には報告を行うべきです。

　また、「速やかに」の文言は、「事実の有無の確認を行うための措置」と「報告」の両方にかかります。したがって、確認だけでなく、報告も「速やかに」なされるべきといえます。

Q 6 ━━ 保護者 ●

私の子どもが担任にいじめの相談をしたところ、担任は校長に
話をしたそうなのですが、学校はまったく事実確認をしてくれません
でした。学校には、事実確認の義務はないのでしょうか。
また、学校が確認しなかったことを理由に学校に対して損害賠償を
請求できないでしょうか。

🅐通報を受けた学校には事実確認の義務があります。

　また、いじめを相談した子どもやその保護者は学校による速やかな事実調査と学校の設置者への報告を期待しますから、事実確認をしなかった学校に過失等がある場合、精神的苦痛（期待権侵害）に対する損害賠償を請求することができることもあると考えられます。

第23条3項（確認後の支援・指導義務）

　　学校は、前項の規定による事実の確認によりいじめがあったことが確認された場合には、いじめをやめさせ、及びその再発を防止するため、当該学校の複数の教職員によって、心理、福祉等に関する専門的な知識を有する者の協力を得つつ、いじめを受けた児童等又はその保護者に対する支援及びいじめを行った児童等に対する指導又はその保護者に対する助言を継続的に行うものとする。

Q1　　保護者●

息子がいじめられており、担任に相談したところ、
学校から「事実を確認したが、いじめはありませんでした」と
回答されました。
その後、教育委員会にも相談しましたが、
教育委員会から「いじめがあると思われます」と回答を受けました。
私は、学校に対して、被害者としての支援を受けることや
加害児童への指導等を行うように求めることは
できるのでしょうか。

A このようなケースで、保護者が学校に対して支援・指導・助言を求めることができるかどうかは、肯定する立場と否定する立場の両論があり得ます。

　肯定する立場としては、学校が「いじめはなかった」と確認していたとしても、教育委員会が「いじめがあると思われる」と確認した以上、学校としては、支援・指導・助言を行う必要があると考えます。条文の文言上、「確認された」として、学校以外の者が確認した場合も含めて規定されていることや、いじめが確認された場合に児童等への支援・指導がなされることが極めて重要であることからすれば、本件のような場合も、学校は支援・指導・助言を行うべきだという考えです。

　他方、否定する立場としては、法律の構成上、前項（本法23条2項）の主語が学校とされていること、「確認」という性質からして、学校が自発的に行うものと解すべきであることから、あくまで学校自体がいじめを確認したときに、支援・指導・助言を求めることができると考えます。この場合、学校が「いじめはありませんでした」としている以上、保護者は、学校に対して、支援・指導・助言を求められないとの結論になりますが、学校に対し、教育委員会の見解を前提に、再度の確認を求めることも検討の余地があります。

> ## Q2 ── 校長 ●
> 保護者からの通報を受けて、学校内で事実確認を行ったところ、
> 加害児童は、「絶対にやっていない。」と言って、
> いじめを否定しています。
> どのような方法で事実確認を行えば良いのでしょうか。

A 「いじめ」調査において、事実誤認の危険性は常に存在しますので、誤認によってすべての関係者が大きなダメージを受けるおそれを理解してお

く必要があります。学校としては、そのような危険性を踏まえ、できるだけ正確な事実確認を心がけるべきです。

　万一、いじめがあったにもかかわらず、いじめがなかったと判断するような事実誤認があった場合、後日、いじめが確認された後、法に従って支援・指導を行ったとしても、誤った判断があったときから「いじめがあった」と正しい判断に至るまでの間の無支援・無指導によって被害児童側に被害が生じたときは、賠償・補償の問題が生じる可能性があります。

　ただし、学校の教職員等は、事実確認・認定については必ずしも専門家ではなく、適切な訓練を受けているとはいえないと思われます。いじめの事実確認と一言でいっても、様々な要因が複雑に絡まり合っており、端的に加害・被害で分けられない場合もあるでしょう。そのような場合には、事実確認の場に専門家を加えることも検討してください。弁護士などの事実認定の専門家を加え、ケースによっては、さらにスクールソーシャルワーカーのような、他の分野の専門家を加えることも選択肢の一つです。

　どのような方法で事実確認を行えば真実の認定に近づくか、多様な発想で取り組んでください。

Q3　　校長 ●

当校でいじめがあったと判断して、
被害児童らへの支援・加害児童への指導・加害児童保護者への
助言を開始しましたが、後に、いじめではなかったように
思われる事情が判明しました。
今後、どのように対応すべきでしょうか。

Ⓐいじめはなかったので、支援・指導・助言をやめればそれで良いとしてはいけません。様々な検討課題が存在します。

まず児童に対する新たな援助・ケアが必要となると思われます。学校から一時であっても「加害児童」とされた児童へのケアは必須です。被害を訴えた児童については、当該訴えの内容も吟味し、そのような訴えをした児童の問題性にも気を配る必要があります。

　また当然、学校としても、「いじめ」があったとの誤認に至った判断過程を真摯に再検証し、その判断過程に問題があったと判断した場合は当事者への謝罪、説明等を行うことを検討してください。

Q 4 　校長 ●

当校でいじめが確認され、再発防止のため、
支援・指導・助言を行う際、いじめがあった当事者間での
再発のみを防止すれば良いのでしょうか。
あるいは、同種のいじめが校内全体で発生しないようにする必要が
あるのでしょうか。

Ⓐ法文上は、「『その』再発を防止するため」とされており、確認されたいじめそのものの再発を防止することを目的としていると思われます。

　ただし、一口にいじめと言っても、その背景には様々な事情があり得ます。表面的には単純なけんかに見えたとしても、実は、その根は深いところまで達しているということは往々にしてあることです。支援・指導・助言を行う際には、表面的な部分だけを見ることなく、その背景事情等にも注意を払い、再発防止に努めてください。

　なお、いじめの事実確認の過程で、それとはまた別のいじめがあるのではないかと思われた場合は、その別のいじめについて、学校は、事実確認を行い（本法23条2項）、いじめがあると確認されたときは、その別のいじめについて、支援・指導・助言を行う必要があります。

Q5 校長 ●

当校でいじめが確認され、再発防止のため、
支援・指導・助言を行う際、
教職員1名で対応することとしても良いでしょうか。

Ⓐ法文上は、「『当該学校の複数の』教職員によって」とされており、複数名の教職員が協同して行わなければいけません。

　ただし、現実には、被害児童との信頼関係を考慮して、特定の教職員が対応すべき場合もあるでしょうし、複数の教職員が対応することで被害児童が混乱してしまう可能性も考慮すべきです。

　たとえば、本法22条に基づき設置された組織において検討された結果、校長・教頭などの監督のもと、当該教職員1名で対応すべきと判断され、その判断が合理的であった場合などは、1名の教職員で対応することも許容されるでしょう。

　重要な点は、組織としていじめに対応すべきということであって、現実に、複数の教職員が支援・指導・助言を行っているかどうかということではありません。

　ただし、本法において複数名の対応が求められている趣旨には、児童らへの支援・指導を行うにあたり、複眼的に情報を共有しながら事態にあたることが適切であるという考えがあり、1名の教職員だけで支援・指導・助言にあたるとして良いかどうかの判断は慎重になされるべきでしょう。

Q6 — 校長 ●

Q6 校長 ●
当校でいじめが確認され、再発防止のため、
支援・指導・助言を行う際、SC（スクールカウンセラー）や
SSW（スクールソーシャルワーカー）などの
専門家の協力を求めるべきでしょうか。

A 法文上は、「心理、福祉等に関する専門的な知識を有する者の協力を『得つつ』」とされており、心理職、福祉職の専門家の関与は必須とされています。

　教職員は、教育の専門家ですが、「心理、福祉等に関する専門的な知識」に関する援助を必要とする場合があり、いじめが複雑化・多様化している昨今においては、学校には、専門的な知識を有する者の知見を積極的に活用した、適切な支援・指導・助言が期待されています。

　ただし、その関与の程度については、いじめの性質等によって、SC等に相談して助言を受けるようなものから、ケース会議への出席を依頼すべき事案、さらには、ケース会議への出席を超えて、実際に児童らに対し支援・指導・助言にあたってもらう事案まで、様々な態様があり得ます。

　重要な点は、専門家をどのような形で関与させるか、いかなる程度の協力を求めるか、の判断が合理的な根拠に基づいているかどうかです。個々の事案にあたり、専門家にどの程度の関与を求めるかは、事案の性質を見ながら、十分に検討してください。

　なお、極めてまれなケースかもしれませんが、専門家の関与が不要であるという判断もあり得るかもしれません。ただ、法が専門家の関与を原則として求めている以上、専門家の関与を不要と判断する際には、十分な合理的根拠が求められます。

Q 7 ── 校長 ●

当校でいじめが確認され、再発防止のため、

支援・指導・助言を行っています。

被害児童は卒業間近なのですが、被害児童の保護者が、

児童が卒業した後も支援を継続して欲しいと要請しています。

被害児童が卒業した後も、

支援・指導・助言を続ける必要があるのでしょうか。

Ⓐ本法は「継続的に行うものとする」とするにとどまり、終期を明確には
していません。法律の目的からすれば、加害者側が、いじめの原因を知っ
て真摯に反省し、いじめを受けた児童の思いを理解し、心から謝罪し、被
害者側が安心・安全に学校生活を送ることができるようになるまでと考え
るべきです。その見地からは、あまり多くないかもしれませんが、卒業後
でも、被害者への支援を行うべき事案はあるといえます。

第23条4項（教室外指導等）

　学校は、前項の場合において必要があると認めるときは、いじ
めを行った児童等についていじめを受けた児童等が使用する教
室以外の場所において学習を行わせる等いじめを受けた児童等
その他の児童等が安心して教育を受けられるようにするために必
要な措置を講ずるものとする。

Q₁ 校長・教師 ●

当校でいじめが確認され、指導を行う際、加害児童への
教室外指導を行う必要があるかどうかは、どのように判断すれば
良いでしょうか。

A 子どもが安心して通学できる環境を整えるために、必要な措置を講じる
ことは、学校の基本的な責務です。しかし、教室外指導は、加害児童と被
害児童のいずれにも少なからざる影響が生じるものです。したがって、「必
要があると認めるとき」の判断は、23条3項の再発防止措置を行っても十
分ではないことが客観的にうかがえるような状況があるかどうか、という
観点から慎重に判断すべきといえます。

Q₂ 校長・教師 ●

当校でいじめが確認され、支援・指導・助言を行っていますが、
加害児童への教室外指導は、必要ないと判断して行っていません。
しかし、被害児童の保護者から、
加害児童への教室外指導を行うよう要望がありました。
どのように対応すれば良いでしょうか。

A 被害児童も求めている場合は別ですが、被害児童の保護者のみが教室外
指導を要求している場合には、教室外指導の必要性について、より慎重に
考えるべきといえます。よって、学校としては、被害児童の保護者が要求
する理由を傾聴しながらも、教室外指導が子どもたちに与える影響を丁寧
に説明し、必要がないという判断に至った理由について理解を求めていく
対応があり得ます。

Q₃ ── 校長・教師 ●

当校でいじめが確認され、
法律に基づく支援等を行っているところですが、
「児童等が安心して教育を受けられるようにするために必要な措置」
とは具体的にどのようなものでしょうか。

Ⓐ本法23条4項に規定された教室外指導はあくまで例示です。「児童等が安心して教育を受けられるようにするために必要な措置」とは、教室外指導と同種の措置を指していると考えられます。

同種の措置の具体例としては、①同じ教室内で、加害児童と被害児童の机を離して配置すること、②席替えをすることなどが考えられます。他にも、③加害児童に対し時間差通学を促す、そのために部活動の活動停止を求めるなども考えられます。

Q₄ ── 校長・教師 ●

当校でいじめが確認され、
加害児童への教室外指導を行っていますが、
加害児童の保護者より、教育を受ける権利を侵害されている、
もとの教室に戻してくれ、との訴えがありました。
教室外指導を続けて良いのでしょうか。

Ⓐいつまで教室外指導を継続するかについては、事案ごとに、個別具体的な事情を考慮して決めることになります。

被害児童の安全確保のために即時、教室外指導を実施することが必要な

場合もあるでしょう。教室外指導が、加害児童や被害児童のみならず、周囲の児童にも与える影響の大きさを考えると、その期間がいたずらに長くなっていないか等、適宜チェックすることが必要です。教室外指導をいつまで続けるのか、どういう状況になったら教室に戻すのか、事前に計画を立てて、その見通しを説明し、適宜、状況を確認して措置を行っていく姿勢が重要です。

第23条5項 （情報共有等）

　学校は、当該学校の教職員が第三項の規定による支援又は指導若しくは助言を行うに当たっては、いじめを受けた児童等の保護者といじめを行った児童等の保護者との間で争いが起きることのないよう、いじめの事案に係る情報をこれらの保護者と共有するための措置その他の必要な措置を講ずるものとする。

Q1 　校長・教育委員会 ●
学校は、どのような事案でも、必ず、
いじめを受けた児童等の保護者と、いじめを行った児童等の保護者らと、情報共有措置をとらなければならないのでしょうか？

🅐本条項の体裁、28条（重大事態での事実関係調査義務）との解釈の整合性からすると、「情報共有」は例示であって、常に学校及び教育委員会が保護者と情報を共有すべき具体的義務までは発生していないと考えられ

ます。したがって、学校は、いじめがあれば、被害児童及びその保護者と
加害児童及びその保護者らとの間で情報共有措置をとらなければならない
とまではいえません。

　ただ、いじめを予防・防止するという点では、可能な限り、情報共有は
行っておくことが望ましいといえます。

Q₂　　学校・教育委員会 ●
学校が、いじめを受けた児童等の保護者と、
いじめを行った児童等の保護者に情報共有措置を講じることは、
個人情報保護法や個人情報保護条例（公立の学校の場合）に、
抵触しませんか？
学校は、保護者や生徒の同意なく情報を開示できるのですか？
学校は、個人情報保護法や個人情報保護条例を理由に
開示を拒否することで、説明を免れられることがあるのですか？

Ⓐこの点については、極めて難しい問題であり、いずれの結論も考え得る
ところです。

　被害児童・保護者の立場を重視すれば、個人情報保護法23条1項1号（法
令に基づく場合）に該当し、開示を認めるべきとの結論になります。

　本条では緩やかとはいえ学校に情報共有義務を課しているのですから、
個人情報保護法との関係では1号該当性があるといえるでしょう。

　もちろん、強制的な義務規定ではないので、「第三者提供の必要性と合
理性」の判断が別途必要です。以下、この立場から、共有されるべき情報
の内容ごとに検討します。

（1）加害者特定情報について

　①話し合いをするために必要不可欠な情報であること、②新法は争いが

起こることのないように情報共有を規定しているのに、加害者が氏名住所を秘して逃げ隠れすることに学校が加担するかのような行動は、かえって紛争を激化させること、③加害者特定情報を得るために訴訟等を検討しなければならないことはナンセンスであること、④バランス感覚的には、「戸籍・住民票の職務請求」における「正当理由」の有無と同等と思われること、などから、少なくとも弁護士からの開示請求には、必要性と合理性が認められるべきでしょう。

(2) いじめ行為の内容について

　具体的な内容にもよりますが、事実を共有してこそ再発防止が可能となるのですから、新法の趣旨に鑑み、特段の事情がない限り、開示されるべきでしょう。

(3) 背景事情（加害者の生育歴や家庭事情など）について

　開示には慎重な検討を要することは否めません。ただ、当該事案のいじめの構造理解に関わる部分でもあり、必要性が認められる限り、抽象化するなどして開示が検討されるべきでしょう。

　一方、個人情報保護の重要性に配慮すれば、本条項によっても、当然に個人情報保護法の要請の対象外となることはないとの結論に達することも考えられます。

　すなわち、具体的な情報提供請求権や情報提供義務を発生させないものである限り、個人情報保護法上、本条項が本人の同意なく個人情報を開示できる「法令に基づく場合」（個人情報保護法23条1項1号）に該当しないことは明らかであると考えられます。したがって、原則として、学校は保護者や生徒の同意なく情報を提供することはできません。

　もっとも、2号「人の生命、身体又は財産の保護のために必要がある場合であって、本人の同意を得ることが困難であるとき」や、3号「公衆衛生の向上又は児童の健全な育成の推進のために特に必要がある場合であって、本人の同意を得ることが困難であるとき」に該当するか否かは、ケー

スバイケースといえます。いずれにせよ、いじめ事案であるからといって、一律に被害児童の保護者に情報提供すべきであるということにはならないと考えることができます。

Q 3 　校長・教育委員会 ●
学校が、被害児童及び保護者に対し、情報共有の措置をとる際、個人情報保護法（条例）以外に、配慮すべき点はありますか？

❹条文には明記されていませんが、情報共有の際には、加害者側のプライバシー権や名誉権に配慮すべきです。共有する際の表現だけでなく、背景事情など私生活上のプライバシーに関わる領域においては、共有は慎重に検討するべきです。とりわけ、公立学校における対応は、直接、憲法上の人権侵害の問題に直結するため、慎重な対応が求められます。

Q 4 　校長・教育委員会 ●
情報共有する場合、加害児童の両親の名前、
いじめに関係する子の名前、いじめの具体的な態様に関わる部分や
背景事情、動機なども開示する義務がありますか？

❹いじめの具体的な態様に関わる部分については、被害児童及びその保護者には開示すべきといえます。加害児童及びその保護者の氏名の開示については、個人情報保護法上の問題をクリアする必要があるため、開示は慎重に検討すべきですが、紛争回避の点からすると、将来、開示のみで訴訟になる場合もあるので、できる限り同意を得るよう説得を尽くすこ

とが必要です。

　また、傍観児童の氏名が開示対象かどうかについても、慎重に検討すべきです。

Q5 — 校長・教育委員会 ●

いじめの定義のうち、

条文では「その他の必要な措置」とありますが、

情報共有措置以外に、他にとるべき措置とは

具体的にどのようなものでしょうか？

Ⓐ学校・教育委員会は、紛争回避等の理由から裁量的に情報共有に応じないという判断も考えられます。ただ、その場合、合理的な根拠が説明できる状態であることが必要です。

　情報共有に代わる「その他の必要な措置」としては、加害児童及び保護者と、被害児童及び保護者との間の話し合いの場を設けることなどが考えられます。

第23条6項 （警察との連携）

　学校は、いじめが犯罪行為として取り扱われるべきものであると認めるときは所轄警察署と連携してこれに対処するものとし、当該学校に在籍する児童等の生命、身体又は財産に重大な被害が生じるおそれがあるときは直ちに所轄警察署に通報し、適切に、援助を求めなければならない。

Q₁ ── 保護者・教師・教育委員会 ●
本条項の趣旨を教えてください。

❷本条項は、実際に犯罪被害が生じた場合に限定せず、在籍する児童等の生命、身体又は財産に重大な犯罪被害が生じるおそれがある時点において、学校に所轄警察署への通報義務を課して、犯罪被害の未然防止を徹底しようとする規定です。

　重大な犯罪被害が生じてからでは、いじめられている児童生徒の被害回復は困難であることから、重大な犯罪被害が生じるおそれのある段階で、いじめられている児童生徒の安全を確保することが重要であるとして定められました。

　もっとも、原則として警察と連携する義務があると解釈し得る条文体裁は、教育の本質と相反するとともに、学校が主体的に問題解決に取り組まなくなるのではないかという懸念もあります。本法の目的はいじめの防止であって犯罪の摘発ではありませんから、学校が警察と連携するにあたっては当該目的と役割分担を明確にした上で、共に取り組もうとする姿勢を持ち、すべてを警察に委ねてしまうことがないようにする必要があります。

Q₂ ── 保護者・学校・教育委員会 ●
警察署と「連携」するとは、どのような意味でしょうか。

❷「連携」とは、学校警察連絡協議会等を通じて、いじめの事実や児童生徒等の状況を報告し、いじめの問題に関する情報を共有することを意味します。

軽微ではありますが、
犯罪行為にあたるいじめの事実が確認されました。
まずは学校による指導をしていこうと考えていますが、
犯罪行為にあたる以上は
警察と連携する必要があるのでしょうか。

Ⓐ本条項が「犯罪行為と認めたとき」ではなく、「犯罪行為として取り扱われるべきものであると認めるとき」と規定されていることから、犯罪行為として取り扱われるべきか否かは、学校が主体となって判断する枠組みとなっています。したがって、犯罪行為に該当するいじめの事実をすべて警察と連携する必要はなく、学校の教育的配慮から、軽微な事案については教育上の指導を徹底するという判断も可能です。

　文科省の通知（24文科初第813号）においても、「学校や教育委員会においていじめる児童生徒に対して必要な教育上の指導を行っているにもかかわらず、その指導により十分な効果を上げることが困難な場合において、いじめが犯罪行為として取り扱われるべきものと認めるときは、いじめられている児童生徒を徹底して守り通すという観点から、学校はためらうことなく早期に警察に相談し、警察と連携した対応を取ることが重要である」とされており、警察と連携するか否かは、あくまでも教育上の指導を行った上での判断であるといえます。

Q4 ── 学校 ●

当校で確認されたいじめについて、「重大な被害が生じるおそれが
ある」と判断しましたが、
警察に通報するだけで良いでしょうか。
「適切に、援助を求め」たとされるには、
具体的に何らかの対応を求める必要があるのでしょうか。

Ⓐ学校がいじめの事実を確認したときには、本法23条3項により、「いじ
めをやめさせ」、「再発を防止するため」の被害児童等への支援と加害児童
等への指導義務が課されています。学校がこれらの支援指導を行った上で
なお重大被害のおそれがあると判断したということは、より丁寧かつ手厚
い支援・指導義務の遂行が必要であると考えられます。ここは、学校の教
育指導力を発揮する場面です。

そして、本条項はあくまでもいじめの防止が目的なのですから、警察に
援助を求めるにあたっても、その「援助」の内容は学校が主体的に考え、
具体的な対応を求める必要があると考えられます。

▶第23条1項〜4項に関する事例＆ディスカッション

　小学6年生のＡ子は、同級生のＢ子とＣ子が自分のいないところで自分の悪口を言っているような気がしてなりませんでした。ただ、担任のＸ先生とはあまりそりが合わないので、Ａ子は、去年の担任だったＹ先生に「Ｂ子とＣ子から無視されている」と相談していました。

【ケース1】（1項について）

　Ｙ先生は、Ａ子の話を聞いて、現在の担任であるＸ先生には報告しましたが、校長や学年主任への報告をしませんでした。Ｘ先生は、体育大会などが重なり、多忙のため、すぐには対応できませんでした。

◎Ｘ先生（担任）の責任

P弁護士　　▶問題の所在として、担任のＸ先生に本法23条1項の通報義務違反は認められるでしょうか。

▶X先生は、Y先生から話を聞いただけでは「児童等からいじめに係る相談を受けた場合」に該当しないので、本法23条1項の適用はないでしょう。

▶しかし、X先生は、問題となっている生徒の担任ですよ。自分の学級の子のことなのに担任の先生に何ら措置義務が生じないというのは、おかしくないですか。

▶それはY先生が話を聞いたのに学校（校長）に通報せず、担任にしか報告していないことが問題なのであって、X先生の問題ではないですよ。

　また、Y先生は、自分の担任の児童でもないのに、X先生を飛び越して、直ちに学校（校長）へ通報することは、実務上難しいのではないでしょうか。

▶いや、Y先生は、X先生に報告した上で、学校（校長）へ通報すれば何ら問題はありません。

　Y先生の本法23条1項の通報義務違反があるという点は肯定すべきです。

　ただ、X先生が多忙のため特段の対応をしなかったとありますが、この不作為が本当に妥当かどうかの検証が必要でしょう。

▶少なくとも本法23条1項では、X先生の対応を問責することはできないと思います。

●文科省の定める国の基本方針でも「いじめの発見・通報を受けた場合には、特定の教職員で抱え込まず、速やかに組織的に対応し」とあります。条文の趣旨からすれば、あまり形式的に考えず、やはりY先生にも担任であるX先生にも校長への報告を求めるべきでしょう。

◎Y先生（相談を受けた者）は必ず校長に連絡すべきか

▶この事案では、Y先生は担任に報告しただけでは足りず、本法23条1項の通報義務違反が認められることは間違いないでしょう。

▶ちょっと待ってください。条文上、「児童等からいじめに係る相談を受けた場合に」直ちに学校への通報義務があるとは書いてありません。あくまで「いじめの事実があると思われるときは」という要件も課されている点は見過ごしてはいけないのではないでしょうか。

▶しかし、法文上、学校の教職員が適切な措置をとるべき義務者に含まれることは争いの余地がないですよね。そうだとすれば、相談を受けた教員が「いじめの事実がある」と思わなかったとするのであれば、いじめの事実が「ない」と考え

るだけの合理的な理由が必要ではないでしょうか。Y先生は、担任のX先生に報告しているわけですから、この事案では、いじめの事実がなかったと断定的にいえるだけの合理的理由があったとは思えません。

●本件では、あまり事情がわからないY先生において、いじめの事実がなかったと考える根拠は見出しがたいことになりそうですね。そうだとすると、やはりY先生が「いじめの事実がある」と思わなかったという主張をするのは難しいということになりそうです。

▶では、教員は、いじめの相談があったら通報しなくて良いと考えるべき理由を常に意識しておくということでしょうか。

▶そんなに難しく考えず、直ちに学校（校長）へ通報すれば良いと思いますよ。

▶今のような指摘では、現場の教師が生徒らの関係性や言動の背後にある状況を考えずに通報することで、すぐに学校の管理職に丸投げしてしまう風潮が生じないでしょうか。

▶過去、いじめが隠蔽されることも多かった中で、いじめを認知する能力に乏しい教員が、いじめではないと軽率に判断することを未然に防ぐのが本条の趣旨だと思います。状況次第であることを否定するわけではありませんが、まずは校長などの管理職へ通報した上で、検討していけば良いわけですし、法もそれを前提にしているといえます。

▶教育委員会だって通報を受けていなければ、その先生の不作為を問題にするでしょうしね。

そうなると、現場の教師は、自ら問題解決に取り組むことなく、すべて学校（校長）に報告する、ということにつながるように思えてなりません。このような事態は、教師自身のいじめに対する問題解決能力を育む枠組みではなく、ひいては教育力の低下を生んでしまう懸念があります。

▶それは、本条項とは別の論点です。「報告すれば我関せず」という教職員が生じないような対応こそが学校に求められます。

実務的には、学校内のいじめ対策組織への報告が必要ですが、その後の対応は、適宜、担任をメンバーに加えるということでも対応可能です。その会議に参加することで研鑽が積めるという効果もあろうかと思います。それでも対応しない教師がいるのは、教員に対する個別研修等が必要になるのではという別の論点だと思います。

◎Y先生のとるべき措置

▶条文上は、直ちに通報せよ、と書かれているのではなく、「学校への通報その他の適切な措置をとるものとする」とあります。そうすると、仮にいじめの事実があると思ったときでも、絶対に通報しなければならないということでもないと思われます。

▶この条文の体裁だと、学校へ通報をするか、それ以外の適切な措置をとるかは、相談を受けた者の判断に委ねられることになりますね。

▶立法提案者の一人の著書を見ても、一律に通報義務を課したものではないとされています。したがって、その場では生徒にアドバイスをし、担任の先生に報告するということも「適切な措置」と考えられる場合もあるでしょう。

▶それは学校の教職員以外の者が相談を受けた場合に限定されているのではないでしょうか。

　その本でも「被害児童等の相談を受けた民間団体等の機関の運営の前提を損なう場合（相談内容を外に出さないと表示している場合等）や、相談を受けた者がその専門的な判断に基づき被害児童等の尊厳を守るためには学校への通報に代わる何らかの措置が必要であると判断した場合等、学校へ

の通報以外の適切な措置でとどまる場合もあり得るものと考えます」とありますよ。

▶なるほど。しかし、Y先生は担任のX先生には報告したわけです。それが本法23条1項の「適切な措置」に該当する可能性はあるわけですよね。

▶X先生は担任ですからね。しかし、Y先生が学校へ通報をしなかったことは適切ではないでしょう。結果として、X先生は多忙を理由に対応しなかったわけですから。
　仮にY先生がA子に少しアドバイスしたとしても、その程度で適切な措置になるのであれば、この法律の意味はなくなりますよ。

▶しかし、本ケースでは、X先生が特段の対応をしなかったとありますが、仮に現場でX先生が学校に通報がなくても「注意深く見守って」いて、それによって問題が解決していたのであれば、Y先生の措置は問題なかったと評価される可能性もあるわけです。客観的外形的には、単なる「不作為」に見える場合であっても、適切にその必要性が説明でき、他の措置よりも合理的と考えられる場合は、限定的に「不作為」による「適切な措置」も観念されるべきでしょう。そのほうが現場感覚にも合います。

▶確かに、そういう場合はあるでしょう。しかしまずは学校に通報することが大前提の規定と理解すべきです。現場が抱え込んだままで問題が深刻化してきた過去への反省を踏まえても、少なくとも本件でのＹ先生の措置は明確な本法23条1項違反です。

●ただ、いじめの相談をした児童の立場に立てば、本条によって直ちに学校へ通報されるリスクが高くなることになりますよね。これは、逆に先生に相談しにくい事態が生じるのではないでしょうか。

　仮にＡ子が「誰にも言わないで」と言っていた場合はどうでしょう。

▶確かに、単に通報すれば良いというのではなく、あくまで適切な措置をとるにあたっては、相談した子どもの心情に最大限配慮してあげることが必要ですね。

●いじめに対する通報等の措置義務を大人に課す以上、保護の対象である児童等の意向と関係なく、「適切な措置」か否かが論じられることは適切ではないと思います。

　あくまで「いじめを受けたと思われる児童等」から見て「適切な措置」であるという視点で判断されなければなりません。

　ただ、「いじめ」の構造は、加害・被害という対立構造ではなく、観衆や傍観も含めた多層構造の中で生じ、エスカレートしていくことが指摘されています。そのため、「適切な措置」は、問題となっているいじめをやめさせるという目的はもちろん、被害者のみならず、加害・観衆・傍観と

いった様々な形で関係する児童等すべてにとって「適切な措置」といえる枠組みが模索されなければなりません。

そのことが、ひいては、被害者に対する真のいじめ解消につながるはずです。

被害者が「いじめ被害のことを誰にも言わないで欲しい」と言うことはあり得ることです。再加害を恐れている、あるいはいじめられていることを知られたくないということが多いのですが、裏を返せば、学校との関係で守られるという安心感がないということを意味しています。学校側としては、そのことを意識し、たとえば個別ケースとしてではなく、一般的な「いじめ予防授業」等を実施するなどして、「『いじめ』は絶対に許さない」、「被害生徒は皆で全力で守る」などのメッセージを発信するとか、被害者が特定できない方法でアンケートを取るといったことも視野に入れつつ、被害生徒の安全と安心を築いていく必要があります。

このような観点から、加害・被害の対立構造というとらえ方に見えがちな条文構造は、形式的にとらえすぎないよう注意が必要です。

◎23条1項違反の効果

P弁護士 ▶被害児童やその保護者から、いじめ被害の相談をしたのに、当時は教師や学校は何もしてくれなかった、その結果、いじめの被害が拡大し、相談したときに適切に対応してくれれば、これほどの被害は生じなかったと、学校の責任を追及したいという相談を受けることがあります。

本件でも、Y先生には本法23条1項違反があるので、それを根拠に慰謝料請求ができると考えられませんか。

▶本法23条1項違反から直ちに損害賠償義務が生じる、ということですか。

　そもそも本法は公法に分類され、本条項が、措置をとるべき主体に対する直接的な裁判規範にはなり得ないと考えます。つまり、本法23条1項の義務違反が直接保護者に対する義務違反に直結するわけではないでしょう。

▶法律的にいえば確かにそういうことでしょう。

　しかし、現実には本法23条1項の責務を怠ったことにより、国家賠償法や債務不履行責任等による責任追及（義務違反）がなされる場面は当然想定されます。法律ができた以上、保護者側の代理人弁護士としては、今後、本法23条1項違反が義務違反の一つを構成するとして訴訟提起することを検討するでしょう。

▶本法23条1項違反で訴訟提起するぞ、と言われると、ますます教員はすべて学校（校長）へ通報し、何も考えなくなってしまうではないですか。現場が委縮してしまって、逆に問題解決を困難にすると思いますよ。

▶本当にそうでしょうか。なすべきことをしているならば損害賠償義務は発生しないはずですし、なすべきことをしていなかったのであれば損害賠償義務を負ってもやむを得ないわけで、萎縮するというのは筋が違います。

　死亡事件や後遺障害が残るほどの傷害事件など、取り返し

のつかない重大な被害が発生した場合は別ですが、学校内で生じ得る一般的ないじめ事件では、高額の損害賠償義務が発生することは多くありません。そのような事案で、被害者が「損害賠償請求をする」と学校側に言うのは、多くは、学校側が真摯に対応してくれていないという不満の裏返しであり、学校側が大した事案ではないと受け取っているかのような姿勢が見えたり、「被害生徒を見守る」とは言っているものの具体的な対応を明示していないために「見守りという名の放置」になっているとの疑念が広がったりしているからです。教師は、保護者等の発言を形式的・対立的に受け止めるのではなく、その背景に目を向けるべきです。子どもの痛みが保護者の痛みとなり、「訴訟」という発言に至った親が、その後の学校の対応によって子どもが安定したことで、学校を信頼するに至ったという事例もあります。

●「いじめ」への対応について、常に中心にすえられるべきは「子どもの最善の利益」であり、損害賠償や裁判も、あくまでもそのための手段であるということを意識する必要があります。そうでないと、せっかく守ろうとしていた子どもを、かえって傷つけてしまうこともあります。そのような結果は、いずれの立場に立っても本意ではないでしょう。

　いじめの問題を解決し、子どもが学校内で安全かつ快適に過ごすことができる環境を確立することが最重要です。

　子どもが学校内で安全かつ快適で過ごすことができるためには、裁判所を通じた賠償請求が好ましい場合は多くありません。本条項が裁判規範か否かを論じること自体は否定しませんが、あくまで問題解決の方法として最後の手段に過ぎず、子どもの健全な成長発達のためには裁判が必ずしも

適切な手段ではないことには留意して頂きたいと思います。

　学校側も、保護者らの「訴訟するぞ」いう発言を形式的にとらえて過剰反応するのではなく、Ｐ弁護士の指摘も踏まえ、本来の教育的アプローチに尽力することが必要です。

【ケース2】（2項について）

　後日、担任Ｘ先生は、Ａ子、Ｂ子、Ｃ子を一緒に呼び出し、同席の上で事情を確認しました。Ｂ子とＣ子は、Ａ子の悪口を言ったことを一律に否定し、Ａ子も「自分は想像していただけで直接聞いたわけではない」と述べるに至りました。そこで仲直りをさせた上で、いじめはないと判断しました。ただし、Ｘ先生はすぐには校長に報告せず、約1か月後に校長へ伝え、校長は学期の終わりに他の事案とともにまとめて「問題が解決した事案」として教育委員会へ報告しています。

◎学校としての措置義務について

　▶学校（校長）としての対応ですが、Ｘ先生の報告を受けた後、自ら「当該児童に係るいじめの事実の有無の確認を行うための措置」をとった形跡がありません。これは本法23条2項に基づく措置義務違反と言わざるを得ません。

▶しかし、担任のＸ先生が加害・被害双方の児童が同席の上、事情を確認したのだから、それ以上にさらにいじめの有無の調査をする必要があるでしょうか。

▶ないとすれば、担任がいじめでないと根拠なく信じた場合には、きちんと学校として調査しないまま問題を終了させてしまう処理になるわけでしょう。もし、担任の見立てが誤っていた場合にはどうするのですか。

▶確かに、学校が「いじめの事実の有無」を確認することが本質的な責務ですね。

　ただ、実際にＸ先生が子どもにヒアリングをして、かつ仲直りまでさせているわけですから、実態としては、その上さらに校長が事実確認をしなくても良い場合はあると思います。ただ、法文上は、そのような学校の不作為による処理を許容していないように見えますね。

▶さらにいえば、本来、学校が調査すべき事実は、申告のあったいじめだけにとどまらないはずです。広くいじめの事実の有無を確認、調査しなければ、背景や原因はわからず、いじめは根絶できません。これでは、およそ真相把握に資することがないばかりか、限定された事象の確認と支援・指導にとどまるため、何ら問題解決になりません。このような意味でも、Ｘ先生は、早期に学校へ報告した上で、いじめを生み出す環境状況まで対象として、広く調査を進めるべきでした。

▶そのような指摘は、結果として、教師にも児童にも過重な
負担を課すことになりませんか……。

T弁護士

C教授

●重要なのは、誰が調査したかではなく、子どもの意見表
明権が確保されたかどうかであると思います。対象とされ
ている子どもに確認せずにいじめの有無を判断することは、
法律の解釈以前に許されることではありません。本件のケー
スでも、X先生の行動で問題が解決したと考えられる場合もあると思いま
すが、やはり、子どもたちを呼び出して仲直りさせる前に、X先生は学校
へ報告して共同で対応を検討すべきでした。そうできなかった点は問題と
考えます。

◎報告義務違反について

P弁護士

▶X先生は担任としてこの問題に対応したわけですが、学校
（校長）への報告は遅れています。他方で校長はX先生から
報告を受けた後に、しばらくしてから（学期の終わりに）教
育委員会に報告しています。学校は、本法23条2項違反の
状態であると言って良いですかね。

T弁護士

▶いや、条文上は、学校が「いじめを受けていると思われる
とき」に①事実確認措置義務や②教育委員会への報告義務
が生じる形になっています。X先生による事情確認の上、い

じめがないと判断して校長に報告したわけですから、本法
23条2項の範疇の問題ではないと思われます。

▶今のお話ですと、学校が「いじめを受けていると思われる
とき」かどうかの判断を行うのですか。そうすると、教育委
員会には、いじめがない、あるいは既に解決した事案は報告
されないことになりませんか。ここでいう「いじめを受けて
いると思われるとき」の判断は学校が行うのではなく、客観
的に、第三者的立場から見て「いじめを受けていると思われ
るとき」を指すと解釈すべきだと考えます。

▶そうすると、要するに通報があれば、学校はすべての事案
を教育委員会に報告することになるわけですか。実務上、教
育委員会もそのような対応をとるところも多いと思われます
が、学校現場がいじめの有無にかかわらずすべて教育委員会
に報告すると、当然現場の負担や混乱も大きくなり、かえっ
て実態がわからないことになりませんか。

▶本件のようなケースでは、やはり校長は、速やかに教育委
員会に報告すべきです。さらにいえば、本法22条は学校内
にいじめ対策組織を置くことを定めています。校長は、報
告を受けたら、まずこの「22条組織」で問題を共有する措
置をとるべきであり、その点でも問題があったと言わざる
を得ませんね。

●確かに、事後報告で良いとの枠組みがあっても、学校が
自ら現場で「解決」できるのであれば報告は不要という解
釈は困難でしょうね。また、現場では「22条組織」を作っ
てもそれが実際のいじめ問題が発生したときにうまく機能

しないことがあります。国の基本方針でも「22条組織」が通報窓口にな
ることが想定されています。きちんと情報共有できるフローをあらかじめ
構築しておく必要があります。

◎「速やかに」の意味

▶校長は、事案を把握した後の学期終わりには、教育委員
へ報告しています。結果としては報告をしているのだから、
本当に本法23条2項違反となるのでしょうか。この点は「速
やかに」の意義が問題になるように思います。

▶この「速やかに」というのは、条文の構造上、事実確認措
置義務だけでなく、教育委員会への報告義務にもかかってい
ます。
　初動調査は事象発覚後早急に行われる必要があり、この時
点で時間がかかりすぎてしまえば、事実確定作業、ひいては
報告自体に支障を生じる危険性が生じることはいうまでもあ
りません。かかる意味で、まず調査に関しては、基本的に
は1週間を超えることは考えられないと解釈すべきではない
でしょうか。その上で、いじめの事実の有無が明らかになり
次第、結果を教育委員会に報告することになりますが、ど

れだけ複雑ないじめの事案であったとしても、初動報告や中間報告を行うことは可能なはずで、いじめの認知から1ヵ月以上が経っても学校の設置者たる教育委員会に何ら報告がなされていないというのは、極めて問題です。1ヵ月を経過しても教育委員会に何ら報告がされていなかった本件では、法律違反が生じていると評価すべきです。

▶ここでいう「速やかに」の期限は、事案の規模や性質等も考慮されることになり、一律に期間を定めることはできないでしょう。とりわけ本件は中間報告が必要なケースとも思えないため、そこまで学校の負担を過度にすることもないと思います。

 ▶学校が教育委員会に報告することは何ら負担ではないでしょう。

▶いや、教師もかつてより能力評価が厳格にされるようになっており、教育委員会への報告は心理的にもハードルが高いはずですよ。

 ●本件では、Ｘ先生の報告が遅かったことに加え、校長先生も緊張感が足りませんね。常に教育委員会と情報共有することは意識されるべきだと思います。

◎いじめの事実確認措置の程度

▶調査の結果、X先生は「いじめはない」と判断したわけですよね。

　このように校長や教育委員会が関与しない時点で、担任が判断を行うことは許容されるのでしょうか。一次的には、いじめの調査は担任教師等、現場に近い者によってなされることが多いでしょうが、簡易な事実調査のみを実施して判断してしまうことが許容されると、結果としていじめの密行性を助長することにもつながり妥当ではないと考えます。

▶確かに、教員一人の判断で結論づけることは許されず、少なくともその結論に校長が責任をもつことになるでしょう。ただし、本事例のように担任が判断することは実際によくあるのではないでしょうか。

●本法23条2項の条文上は、条文の体裁から、事実確認は教育委員会への報告前を想定しているため、教育委員会と連動して事実確認することまでは想定されていないと考えられますね。

　ただ、各学校の基本方針に確認方法が記載されているところもあると思いますし、組織的対応については、学校内のいじめ対策組織の責務といえるのではないでしょうか。

◎ 23条2項違反の効果

P弁護士

▶23条2項によって、子どもや保護者は、速やかなる事実調査と教育委員会への報告を当然期待することになります。本条に違反した場合、その精神的苦痛に対する損害賠償（期待権侵害）が発生し得ると考えられます。

T弁護士

▶いや、いじめの発生に対して、本条違反のみを理由として学校又は教育委員会に損害賠償義務が課されることはないでしょう。あくまで過失の一事情に過ぎないと解すべきです。

　そもそも、報告義務違反と損害（精神的苦痛）との間に相当因果関係があると判断されるケースは多くないと思われます。そう解しないと、やはり教員に委縮効果が生じ、現場が大きく混乱するのではないでしょうか。

　この条文の体裁であれば、教員が「いじめを受けていると思わなかった」という主観を有することで報告義務を免れるとの解釈することも可能です。そうすると、先ほどから課題として挙げているとおり、「いじめ」に対しアンテナの感度が高い教員は過分に義務が課せられ、アンテナの精度が低く鈍感な教員はいじめの報告義務を免れるという課題がますます鮮明となるように思います。そのような解釈論による弊害は不当です。

P弁護士

▶学校がすべきことをしていなくても賠償義務がないというのは、あまりにも無責任すぎます。この法律の趣旨に立ち返って考えてもらう必要があると思います。

C教授

●弁護士は、往々にして損害賠償等の金銭的解決や訴訟による解決を想定しがちですが、金銭的解決・訴訟による解決は、肝心のいじめ環境の根本的な改善には必ずしも直結しません。その点を十分に意識し、子どもの権利救済に最も適切な枠組みとして本項を利用活用することを考えるべきでしょう。

【ケース3】（3項について）

　A子はその後、やはりB子とC子との交友関係が好転しないと感じ、母親に相談しました。母親は、ある休日にB子とC子が2人で遊びに行ったことを聞き及び、A子が誘われなかったことを「いじめ」だとして校長へ報告し、善処を求めました。学校ではA子とスクールカウンセラーとの面談を実施するなど対応している最中、B子の父親が「何もしていないのに子どもがいじめの加害者扱いされていると学校へ行きたがらない」として、学校へ苦情を伝えてきました。

◎いじめの確認主体

P弁護士

▶本事案は、ある休日にB子とC子が2人で遊びに行ったという新たな「いじめ」の事態が発覚した、あるいは一連の「いじめ」とは別の事象が現れた、というべきでしょう。現にA子の母親が直接校長に善処を求めたわけです。したがって、本法23条3項でいう「いじめがあったことが確認された場合」に含まれるとして、学校は同条項にいう対応を実施すべき事案ですね。

▶学校としては、問題の本質はいじめではないと判断している
ようであり、単にＢ子とＣ子が２人で遊びに行っただけで
いじめになるのでは、おちおち仲良しどうしで遊びにも行け
ないじゃないですか。

T弁護士

P弁護士

▶本事案では、「いじめ」があったかどうかという学校の判
断は関係がないと思うのです。

　事実確認の主体が学校に限定されるのであれば、本条項
は「いじめがあったことを確認した場合には」となるはずで
はないですか。「いじめがあったことが確認された場合」と
いう文言からは、あくまで学校の主観ではなく、客観的にい
じめがあったという状態を指すと考えるべきです。

　本事案は、学校は「いじめ」とは考えていないようですが、
なぜＡ子が「無視された」と思ったか、その心情や状況につ
いてまできちんと確認したのでしょうか。あるいは無視され
るようになったきっかけについてまできちんと把握できたの
でしょうか。

　そういった点までしっかり掘り下げていないと、適切に確
認したとはいえませんよ。

●本件では学校は一応の対応をしているわけですから、確
認主体についてはあまり問題とすべきではないといえます。
子どもの視点に立てば、いじめが確認された場合に児童等
への支援、指導がなされることが極めて重要ですので、そ
の意味からすれば、いじめ確認の主体は広く解すべきでしょう。

C教授

◎支援、指導、助言の内容

▶事例から詳細は明らかではないですが、学校は本法23条3項の「支援・指導・助言」としてどのようなことをしなければならないとお考えですか。

▶まず「当該学校の複数の教職員によって」とありますので、SC（スクールカウンセラー）や担任教師に丸投げするのではなく、生徒指導や学年主任等も交えて、必ず複数の教職員が協同して実施することが求められているといえます。

●複数対応については、学校によって人的、物理的制限があるかもしれませんが、一人の教員に負担をかけないという視点もあるでしょう。ただ、最も大切なことは、児童等への支援、指導については、学校現場の教職員が複数関与し、複眼的に情報を共有しながら事態にあたるということです。よほど物理的な限界がない限り、複数の教職員が支援、指導に関わることが求められていると理解すべきです。

▶さらに条文上は、「心理、福祉等に関する専門的な知識を有する者の協力を得つつ」とあるように、SCやSSW（スクールソーシャルワーカー）の助力を得ること、ひいてはそれらの者を交えたケース会議等を開催することは、本法の制定で必須になったというべきでしょうね。

▶必須というのは言いすぎではないですか。「専門的な知識を有する者の協力を得つつ」というのは、そのような知見が必要な場合に一般的にとられる手段を例示した訓示的規定に過ぎないとみるべきですよ。

●子どもの最善の利益という点と、SCやSSWの専門性とを考慮すれば、学校としても、必要があれば専門家の助力を得るべきであり、さらに直接、子どもに関わることも想定していると考えるべきでしょう。

◎事実誤認の危険性について

▶B子の父親から苦情があったということは、B子やC子へも当然学校から働きかけがあったわけでしょう。実際にいじめの事実がなかった場合、学校の動きは加害者とされた児童等に深い傷を与えることになりかねません。法律は、事実誤認の危険性をどう考えているのでしょうか。

▶もちろん、本条項はいじめの事実確認は確実に真実を反映していることが前提であり、事実誤認が生じてはならないことは当然です。ただ、被害者保護の立場からは、いじめがあったにもかかわらず、いじめがなかったと誤認されることやいじめが隠蔽されることの方が、ダメージは深刻だと思います。

▶いや、加害者とされた児童等も大きなダメージですよ。

とりわけ、学校や教師は、事実確認・事実認定について専門的な訓練は受けていません。いじめの事実確認と一言でいっても、様々な要因が複雑に絡み合っており、端的に加害・被害で分けられない場合もあるでしょう。かかる状況下で、「いじめがあったことが確認された場合」に学校に様々な責務を課することは、逆に事実誤認を誘発する可能性も否定できず、その際に取り返しのつかない損害を関係者に与えてしまうリスクがあるような気がしてなりません。

事実誤認の可能性は常に内在するものとして慎重に本条項を運用する姿勢が求められるといえます。

▶慎重に調査する姿勢は当然必要です。ただ、だからといって「真実は不明」などとしていじめの事実に蓋をするのではなく、必要な調査をきちんと行えば、真実は自ずと把握できると考えるべきです。

◎いじめを行った児童等への指導や保護者への助言

●B子の父親からの苦情には学校としてどう対応すべきでしょうか。

▶B子の父親は、「うちの子は何もしていない」という前提

ですので、Ａ子が精神的に苦しんでいることを伝えて理解を
求めるよりほかないと思います。

▶理解を求める、といったって、現にＢ子が不登校の状態に
なりつつあるわけですよ。加害とされた児童等が苦しんで不
登校になるような事実確認調査や指導注意を行うこと自体、
本末転倒ではないでしょうか。詳細は不明ですが、事案の状
況からして、加害者とされたＢ子やＣ子についても柔軟に対
応すべきだったのであり、必ずしも「指導」まで必要ではな
かったのではないかとさえ思われます。

Ｔ弁護士

Ｃ教授

●学校側としては、Ｂ子の父親には真摯に事情を説明し、
Ｂ子の不登校状態を回復できるよう協力を求めるべきで
しょう。このような事案には何か不登校のきっかけとなる
事情があることも多いように思われますので、学校はそれ
を除去する努力をすべきですし、保護者にも理解を求めるべきです。

◎「継続的に」の意味

Ｐ弁護士

▶条文上は、支援・指導・助言を「継続的に」行うものとす
る、とされています。これは定型的に終期を定められるもの
ではないため、強いていえば、いじめが撲滅されたと認めら
れるまで指導や助言を続ける必要があることを明確にした規
定と理解できます。

▶ただ、実際には、継続的に実施するといっても、教職員への負担や費用がかかることもあるのですから、何らかの形で「終期」の目安期間があった方が望ましいでしょうね。

 ●一般論としては、「継続的に」の終期は、目安を出せるものではなく、いじめた側が、いじめの原因を知り、真摯に反省し、いじめを受けた側の思いを理解して謝罪し、いじめられた側が安心・安全に学校生活を送ることができるようになるまでと考えることができます。

いわゆる修復的司法（修復的正義）の視点から、真の意味での解決時期を考えるべきでしょう。それにしても、B子の父親からも苦情が出るとは、だんだん問題が大きくなってきましたね……。

【ケース4】（4項について）

多くの大人が関与した結果、仲が良かったB子とC子は、A子を気遣ってあまり話をしなくなりました。一方、A子は元来わがままな性格も災いして、あるときC子から「やっぱり自分うざいよ」と言われてショックを受けました。それを聞いたA子の母親から「うちの子はB子と仲良しなのにC子に邪魔をされている。新しい法律もできたようなのでC子を別室で授業を受けさせるように取り計らって欲しい」と校長に対して要求がありました。

◎「必要があると認めるとき」とは

▶A子の母親の要求は、本法23条4項に基づく別室指導等 T弁護士
の措置に該当します。これを発動すべき「必要があると認め
るとき」とはどのような場合をいうのでしょうか。

P弁護士 ▶被害児童等であるA子の母親が、我が子の意見を聞き、加
害児童等と同じ教室では安心して授業を受けられず、ひいて
は登校することもできなくなると感じた場合は、当然に「必
要があると認めるとき」に該当することになるでしょう。法
律の「いじめ」の定義が被害児童等の主観的な状況を重視
する以上、かかる必要性についても被害者側の視点を優先し
て判断すべきであり、学校に大きな裁量権があると解すべき
ではありません。

　本ケースでは、A子に対するいじめが継続して問題となっ
ている最中、C子は「やっぱり自分うざいよ」と直接A子に
向かって告げたわけです。これは事態として軽視すべきでは
ありません。

▶いや、本条項はあくまで本法23条3項の「支援、指導、 T弁護士
助言」を継続的に行うにあたって「必要があると認められる
とき」に限定されて行われる措置ですから、「安心して教育
を受けられるようにするため」の措置は、そもそも本条項に
よらずとも、当然に学校として対応していることが前提とな
るはずです。

したがって、本条項が発動される場面とは、現状では、法23条3項の措置が十分に行えないことが客観的にうかがえるような特殊なケースに限定されるべきではないでしょうか。

　実際にも、本件ではC子の発言は、A子の「わがままな性格」も理由の一つに挙げられていますし、A子の母親の「うちの子はB子と仲良しなのにC子に邪魔をされている」という認識も正しいとは限りません。かかる意味でも、必ずしも一方的にいじめの加害者、被害者とラベリングできない事象です。

P弁護士

▶やはり、事実からその原因や背景をしっかり探っていく姿勢が必要ではないでしょうか。

　たとえば、以前担任に注意されたにもかかわらず、なぜC子は「やっぱりうざいよ」と言ったのか、A子がショックを受けたのはどのような点なのか、A子の母親はどのように聞いて「C子に邪魔をされている」と感じたのか、これらの事情を正確に確認・検討していかないと、本当の意味での解決のために必要な措置を行うことは困難だと思います。

●子どもの権利を重視する立場と、「必要があると認めるとき」という記載から、必要性の判断は、ある程度、客観的な状況を求めるべきでしょうね。加害児童等にも学習権があるということに鑑みれば、単なる嫌悪感では根拠として弱いように思います。

C教授

　本事例では、学校内での子どもたちの関係性を観察し、調整的な視点で

各々の課題を整理した上で、各生徒にそのことを投げかけ各自の気づきに助力し、その過程の中で、C 子の別室指導が必要と思われる事情（A 子の心情を含む）があるかを見極めるべきです。最終的には、学校が諸般の事情を考慮して教育的観点から判断することになるでしょう。

　必ずしも本条項によって要求に応えなければならない義務が発生するわけではありません。

◎「必要があると認められるとき」になすべき「必要な措置」とは

P弁護士

　▶今の結論に私は反対です。

　被害児童等の親は、被害児童等のために必要と考えれば、本条項に基づいて、加害児童等を別室で学習させるように求めることができるはずです。学校は、そのような要望に対し、本条項によって別室学習の計画を立てて実践する義務があり、かつ法 23 条 5 項でその情報を一定程度提供する義務があると解釈できます。

　仮に、本件で学校が別室指導を不必要・不相当と考えた場合、それはどのような理由で正当化されるのでしょうか。その場合でも、少なくとも被害児童等にその事情を説明する義務があるというべきではないですか。

　▶いや、私は、本法 23 条 5 項自体、いじめが多重化・複雑化する中で、単純な加害・被害の図式を前提としている点、加害児童等への教育的配慮の視点が大きく後退している点等において、著しく不適切な条項と考えています。本条項は、

T弁護士

あくまで本法23条3項の支援、指導、助言を「継続的に行う」ために「必要があると認めるとき」に限定されるため、加害児童等の教室外指導が必要であると判断される場合は、そもそもおよそ担任教師に対応能力がない場合とか、当該クラス内に、異常なまでに支配的な構造が潜在的に存在することが認められる場合等極めて限定的なケースにとどまるように思います。その上で、たとえば副担任を配置するといったことも、「必要な措置」に含まれると思います。

P弁護士

▶いや、本法制定以前のいじめ案件やその他暴力被害案件でも、加害児童等のクラス替え要求が出されたときに同じ問題は生じていましたが、法規に明確な規定もない中、教育委員会・学校が受け入れることは極めて例外的でした。

しかし、本条項が本法23条3項の再発防止措置義務の履践のために必要があるとき、学校が講ずべき措置の一つとして加害児童等を別室学習指導することを例示したことによって、たとえば被害児童等の保護者からいじめ事実確認後、「残りの3学期まで、加害の子には別クラスで授業を受ける措置をとるべき」と要求されたときに、学校がその措置をとること自体、本条項の精神からして否定されていないというべきです。また、本条項では別室指導の期間の限定もないので、被害児童等の安心した学習のために必要不可欠として、被害児童等の保護者から「できる限り長く、学期中、学年末まで」などの要求が出されることもあるでしょう。

C教授

●いろいろご意見があるようですが、本条項は、本法23条3項の再発防止措置義務の履践のため必要があるとき、い

じめを受けた児童等が心身を安定して授業を受けられるために、いじめを行った児童等を別室で学習を行わせるなどの措置を講ずる義務を定めています。子どもが安心して通学できる環境を整えるために必要な措置を講じることは、学校の基本的な責務であることは疑いようがありません。

　ただし、「いじめを行った児童等についていじめを受けた児童等が使用する教室以外の場所において学習を行わせる」といった対応は、加害児童等、被害児童等のいずれにも少なからざる影響が生じるため、「必要があると認めるとき」の判断は、十分吟味した上で対応すべきです。

　かかる意味で、本条項は極めて当然のことを訓示的に規定しただけで、この条項によって、学校に新たな「必要な措置」を講じる義務が生じたとか、加害児童等への教室外指導義務が生じたという解釈は適切ではないように思います。

◎加害児童等や他の児童等の視点

▶本条項に基づいて安易に加害児童等を教室外指導とすると、加害者側の教育を受ける権利や名誉権等の関係で非常に深刻なトラブルを生むのではないかという懸念があります。

　果たして加害者側の保護者に説明し得る正当な理由とはどのような内容かまで明示されないと、むしろ現場は板挟みになるリスクが生じるでしょう。

　また、加害児童等の保護者からすれば、事実調査後の別室指導が行われることで、クラスのみならず全校児童とその親に「いじめ加害の悪い子」イメージが広がり、加害児童等へのダメージが大きいばかりか、加害児童等の保護者

へ悪評判が広がるといったダメージを与えることも間違いありません。

　教員も、加害児童等がいじめについて反省し、再発の危険がなくなったと判断したときは、速やかに元の教室に戻したいと考えるでしょう。

　しかし、被害児童等の保護者は、加害児童等が戻ってきたら、わが子が不安を感じて登校できなくなる危険があるとの不安感によって、加害児童等の教室復帰措置に対し反発が強く出されて、再度の不登校開始へつながるおそれもあります。

　このあたりの教員の措置の妥当基準が、文科省や教育委員会から出されていないと、いったん別室指導を選択した学校教員は加害児童等を戻すことができなくなりはしないか、またそもそも、本条の定めにもかかわらず、学校としては重い被害が生じ、刑事事件となるような事例以外、別室指導を選択するとの判断はとりにくいのではないかと思われます。

　そのような学校側の思考方向は、被害児童等の親の希望・要望と相反するものであることが多く、教育委員会を巻き込んだ、被害児童等の保護者対学校教員（さらには、その他の親）との係争状態が頻発され、ひいては被害側のより辛い孤立状態を現出させるのではないでしょうか。

　この点、本条項は、学校現場に関係する大人間の係争状態を助長する規定となるおそれが強く、3年後見直しの際に、より現場にふさわしい条項への改正が検討されるべきではないかと思います。

P弁護士

▶刑事事件や児童相談所関与の重大な案件でなく、その他の案件の場合で仮に別室指導計画が策定されると、別室指導

される加害児童等の親は反対するであろうし、実施された場合には、加害児童等の親は、我が子にクラス教室で授業を受けられないとの不当な扱いを受けたとして、抗議し異議を学校や教委に申し入れることが生じる可能性は高いと言わざるを得ないでしょう。

その意味で、このような係争状態が頻発する可能性が高い条項の規定ですが、学校の別室指導のどんな場合が違法とされ、どんな場合が学校長の裁量の範囲内とされるのかについて、相当な基準をあらかじめ教育委員会で示しておく必要があるように思います。

●A子の親からすれば、仲良しだった友だちが我が子から離れていき、挙句の果てに心ない言動を受けるなど、気が気ではないと思います。しかし、本ケースのような事象は、本来「いじめ」としてこの法律の枠組みで考えるのが適当

C教授

なのかどうか、ということに気をつけるべきです。他人との関わり方、という本来、この時期に教育によって学ばなければならない本質的な問題であるようにも思われます。

▶第23条5項に関する事例&ディスカッション

公立の小学校で同じクラスの男子児童1名が女子児童1名に対して繰り返し暴行して傷害を与えたり、帰宅途中の女子児童を追いかけるなどしたため、女子児童が不登校になりました。女子児童の保護者から登下校時の安全確保を図り、また治療費の支払いを求めるために、男子児童の住所と保護者の氏名を開示してもらいたいとの要求が学校に対してありました。また、同じクラスの加害児童以外の児童らについて、さらなるいじめ被害の防止を図るために、各保護者に協力を求めたいので、住所と保護者名の開示をしてもらいたいとの要求もありました。

学校としては、男子児童の住所・保護者の氏名と他の児童の住所・保護者の氏名を開示しなければならないのでしょうか。

◎氏名等の開示の可否

P弁護士

▶当然開示すべきです。

生徒・保護者と学校とは、（契約関係であるかどうかはともかく、公立学校でも）在学関係のもとにあり、これに付随する信義則に基づいて、学校生活やこれに密接に関連する生活関係における生徒の行状、またこれに対して学校がどのような指導をしたのかという点について報告する義務があると考えられており、親権者が求めた場合や、学校が教育的配慮から必要であると認めた場合には、上記報告をすべきである

と考えられています。

　特に被害者側から見れば、児童生徒の生命・身体・精神に重大な影響を及ぼすおそれがある場合や、そうした事態が発生した場合には、親権者に対し事態の状況やその原因経緯・学校がどのような対応をとったかについて親権者に報告すべき義務を負っていると解されます。

▶いいえ、開示はすべきでありません。

　そもそも、報告義務を一般的に認めたような裁判例はありません。

T弁護士

P弁護士

▶しかし、まずは被害児童の安全確保のために、またいじめの事実があるのであれば、治療費を払ってもらってきちんと示談し、将来の再発防止を親どうしが話し合うために、当然一定の情報は必要ではないでしょうか。

▶本法23条5項も、「いじめを受けた児童等の保護者といじめを行った児童等の保護者との間で争いが起きることのないよう」という情報共有の目的が定められています。

　また提供するのは、あくまで「いじめの事案に係る情報」であって、住所や保護者の氏名は、提供すべき情報には含まれません。

　安全確保は、まず学校から加害児童の保護者などに被害児童の保護者から情報開示の申し出が来ていることを伝えた上、学校から登下校経路の変更などの指導をすべきです。

T弁護士

被害、加害、双方の保護者どうしで、直接の接触を可能にするような情報提供を行うと、治療費等を請求する訴訟が提起される可能性もあります。まさに争いが起きることのないようにするという法の趣旨に反する事態となります。

　住所などの個人情報開示は、あくまで加害児童の保護者等の承諾があった上で、学校の適切な裁量で行うものだと思います。

●加害児童の住所を知りたいという保護者等の気持ちについては、十分理解ができます。

　本法23条5項の規定は、これまで、学校現場で、いじめにおいて、どのようなことが行われたのか知りたいという被害者側の要求がしばしば拒絶されてきたことから、定められたものであることは否定できません。

　ただ、本法23条5項が想定しているのは、主にいじめの事実に関する情報提供であり、また、あくまでいじめ被害の防止のためであって、被害者側が損害賠償を請求するために住所や保護者の氏名の開示を求めることまではできないと解すべきでしょう。

◎「争いが起きることがないよう」の意味と学校のとるべき措置

▶学校現場は、そのように被害者保護の視点をもたずにきました。

　平成16年に犯罪被害者等基本法が制定され10年以上経過していますが、未だにこのような感覚であることには愕然

とします。

　本件は、繰り返し暴行して傷害を与えられるなどしており犯罪の範疇に属する事案であり、そのような事案において治療費等の損害賠償請求をすることは正当な権利行使です。それを阻害することを条文が規定しているとの解釈が誤りであることは明らかではないですか。

　少なくとも正当な権利保障を阻害する方向での解釈は避けるべきであり、「争いが起きることがないよう」との意味は、「無用の紛争が生じないよう」程度の趣旨と解すべきです。

　もちろん、個人情報保護法との関係で、同意が必要となるのが原則ですが、少なくとも学校は、同意を得て情報を開示できるよう努力をする必要があります。

　いじめ被害を受けたことがあきらかで、しかも現に危害を加えられそうな事態が続いているのですから、安全確保のためにも加害児童の住所と保護者の氏名は開示すべきです。

　特に、最近の学校では、個人情報保護の観点から、住所録やクラス名簿を作らないのが一般的となっており、互いに住所や保護者の氏名を知らないのが通常です。

　被害者は、加害者の住所や保護者の氏名を知らなければ、親どうしで交渉をすることもできません。そもそも法治国家である日本において、加害者が住所氏名を秘匿することによって損害賠償義務を免れることができるという結論は、法的には容認されるものではないと思います。

　客観的に加害者が特定できているいじめ事案において、住所保護者氏名等を秘匿することは、解決を先送りして、かえって紛争を激化させるだけで、学校にも、加害者にも、百害あって一利なしです。被害者が住所・保護者氏名を調べるために新たな出費をしたり、場合によっては情報公開

請求・訴訟で争わなければならないことになり、新たな被害を受けることにもつながります。

▶学校は一方当事者のために存在しているのではありません。

T弁護士

学校が安全保護義務を負っているのはそのとおりですが、安全保護義務を負うのも教育活動を円滑に行い、児童生徒を保護するという観点からです。個人情報保護法・保護条例に基づいて、行政機関たる公立学校が得た情報を同意なく提供することはできません。ましてや、治療費など私人の請求権行使の便宜を図るために提供したとなると、加害者側からプライバシー侵害の損害賠償請求をされることになります。

C教授

●本法23条5項の規定上、被害児童の保護者等といえども、加害児童の住所や保護者氏名の開示請求権まではないというべきでしょう。

ただ、法の目的からしても、被害防止・安全保護の緊急の必要あるときには、加害者側の同意がなくとも、法令によって開示ができる場合にあたると考えられ、加害児童の住所や保護者の氏名等の開示が行われたとしても、その場合の開示は違法性が阻却されると考えることもできます。

当事者どうしの紛争となっている場合は、学校内でのいじめの再発防止のための努力は継続しつつ、学校としては、加害者側を説得して、加害者側から被害者側に住所・保護者氏名を開示してもらうか、情報開示の同意をとる努力をするということが適切でしょう。

●第2章

▶第23条6項に関する事例＆ディスカッション

公立の高等学校で男子生徒数人の非行グループがあり、その1人が同じ学年の女子生徒に脅迫メールを送って、違法ハーブを吸えと強要していることがわかりました。その男子生徒たちは、これまでも非行を繰り返し、学校外部の同年代のグループともつながっているようです。脅迫メールの件で、メールを送った生徒はこの集団と共謀している様子がありますが、メール送信した生徒は1人でやったもので他の生徒は関係がないと言っています。学校外の集団との関係となると、学校だけでは対処できず、女子生徒の安全確保の面からも警察の援助を求めたいのですが、学校として問題があるでしょうか。

P弁護士

▶本法23条6項は「犯罪行為として取り扱われるべきもの」と認められる場合、被害の結果が生じていなくても警察と連携することを定めています。したがって、具体的な被害が確認できなくとも、被害者の安全確保のために必要であれば、警察の援助を求めることは当然です。

T弁護士

▶加害生徒の行為が犯罪に該当すると認められる場合には、学校はためらうことなく警察に相談し、警察と連携した対応をすることが重要です。学校・教育委員会と警察は日頃から連携し、連絡窓口を指定しておき、学校警察連絡協議会の協

97

定などにいじめ事案を盛り込むようにして、警察との連携を
強化すべきという方向性については理解できます。

P弁護士 ▶本件では、直接の行為は脅迫罪にあたると考えられ、さら
に違法ハーブの使用をしているという犯罪行為があり、女子
生徒に対する強要罪もありますから、警察の援助を求めるべ
き事案です。

　さらに背後に学校外のグループがあるのですから、学校の
みで対処できないことはあきらかです。

▶学校としては、必要があれば警察に援助を求めることは必
要ですが、安易に警察に頼ることを認めることは、かえって **T弁護士**
学校現場の解決能力を削ぐことになりませんか。

　また、保護者から、生徒を警察に渡すのか、といった批判
が出る可能性も否定できません。

　本件では、脅迫や強要を共謀したグループの存在が考えら
れ、複数の関係者の存在が認められる状況下で、女子生徒
の安全確保のために警察との連携が必要であることはわかり
ます。

　ただ、メール送信した生徒は共謀関係を否認しており、ま
ずは、できる限り学校内で調査をしてみるべきではないで
しょうか。

C教授 ●2002年5月27日文科省・警察庁が学校警察のいっそうの
連携強化の通知をそれぞれ出しています。ただ、安易な警

察との連携については、メール送信した生徒と学校との教育上の信頼関係を断ち切ってしまうおそれがあるので、まず警察ありきというのは確かに感心できません。

　メール送信した生徒が校外の非行集団と関係していること自体は、校内における生徒指導の問題ですから、その生徒の保護者を含めて、なぜそのようなことをしたのか、校外集団との関係はないのか、校外集団との関係をもっていると、さらに重大な犯罪に巻き込まれることを説得し、かつ被害女子生徒に対する加害行為の反省を促して、みずから事件全体をあきらかにするように指導すべきです。

P弁護士

▶問題となっているのが強要罪や脅迫罪に該当する行為であり、組織的背景もうかがわれるのであれば、さらに危害を加えられる危険が大きい事案です。被害生徒側のことを考えるのであれば、即時、警察に連絡して加害生徒はもとより背後のグループで本件に関与した者を即時摘発するように求めるべきです。

　従来の学警連などでは機能しているところとしていないところがあり、重大な事案以外は学校も連絡せず、警察も動きませんでした。本法23条6項はこのような実態に対して、是正を求めたものと考えるべきです。

T弁護士

▶学校が生徒に関する情報を警察に提供するのは、本法23条6項後段の場合、すなわち、生命・身体・財産に重大な被害が生じるおそれがあると限定的に解釈することもできます。

　本件の場合、違法ハーブを吸えというのが、身体または生

命に重大な被害が生じるおそれがあるとも考えられますので、警察に連絡すべきであるといえますね。

C教授

●学校の教育的機能と警察の犯罪取り締まりとは目的が異なるので、犯罪に該当するとの一事をもって警察通報の義務があると考えるべきではないでしょう。学校としては、在学している生徒の指導に努力した上で、学校の能力の及ばない校外の集団について、女子生徒を保護するために、警察と連携することもあるというスタンスで臨むべきです。

▶条項別 Q&A【PART2●学校の設置者による措置】

第24条（学校の設置者による措置）

学校の設置者は、前条第二項の規定による報告を受けたときは、必要に応じ、その設置する学校に対し必要な支援を行い、若しくは必要な措置を講ずることを指示し、又は当該報告に係る事案について自ら必要な調査を行うものとする。

Q1 ── 教育委員会 ●

本法24条にいう「必要に応じて」を判断する主体は誰ですか。また、どのような基準で判断すべきでしょうか。

Ⓐ判断主体は、学校の設置者たる教育委員会と解されます。

　その基準ですが、「必要に応じて」というのは、文言上、一般的に判断主体に裁量を認めたものです。実質的にも、教育現場においては、画一的な判断ではなく、個々の事案の特性に応じた個別具体的な判断が必要になることから、判断主体である教育委員会の裁量に委ねられているといえるでしょう。したがって、教育委員会は、個々の事案に応じた柔軟な対応をすることが許容されると考えられます。

　もっとも、教育委員会の裁量に委ねられているとしても、裁量の合理性については、法の趣旨・目的（1条）からすれば、いじめを防止し、子どもの権利を守るという視点から客観的に判断されるべきです。

Q2 ── 教育委員会 ●
本法24条にいう「調査」とは、どういうものをいいますか。

Ⓐ調査には、2段階あると考えられます。

　1段階目は、学校の行った調査が十分かどうかを検証するという検証的な調査です。学校の調査について、量的・質的に十分な調査がなされていると判断される場合には、この1段階目の検証的な調査にとどまると考えられます。

　検証的な調査を通して、学校の事実確認が不十分であると考えられる場合、2段階目として、再調査が行われることになります。もっとも、必要な支援や措置をするにとどまる場合もあると考えられます。

　2段階目の再調査が行われる場合には、保護者の意見を尊重しつつ、原則として学校が行った事実確認の当否も含めて広く調査対象とすべきです。学校の事実確認が不十分であると考えられる場合に行われるものですから、学校の事実確認以外の点のみ調査対象になるとすれば、再調査の意

味をもちません。また、実際上、学校の事実確認の対象がどこまでかを明確に区分できるとは限りませんから、教育委員会の再調査の対象範囲は広いと考えるべきです。

Q3 教育委員会 ●
24条にいう「必要な支援」、「必要な措置」とは、
具体的にどのようなものですか。

❶具体的には、スクールカウンセラーを派遣したり、派遣する時間を増やしたりすること、スクールカウンセラーの利用促進を図ること、教員の人事、調査に関し指示を行うこと、支援員を派遣すること、関係機関との連携を図ること、研修に教員を派遣すること等が考えられます。

▶条項別 Q & A 【PART3 ●出席停止制度の適切な運用等】

第26条 （出席停止制度の適切な運用等）

　市町村の教育委員会は、いじめを行った児童等の保護者に対して学校教育法第三十五条第一項（同法第四十九条において準用する場合を含む。）の規定に基づき当該児童等の出席停止を命ずる等、いじめを受けた児童等その他の児童等が安心して教育を受けられるようにするために必要な措置を速やかに講ずるものとする。

Q₁ ── 教育委員会 ●

学校においていじめが確認され、学校は、加害児童に対して、
出席停止処分にはせず、教室外指導を行うかたちで、
支援・指導・助言を行っています。
この度、被害児童の保護者から、教育委員会に対し、
加害児童を出席停止処分にせよとの要求がありました。
教育委員会としては、どのように対応すべきでしょうか。

❹出席停止処分については、学校教育法35条（49条で中学校に準用）に
規定されていますので、教育委員会としては、その要件（教育委員会規則
で定めている事項も含む。）に該当するかを判断することになります。

　本件では、教室外指導が行われていますので、それでもなお「他の児童
の教育に妨げがあると認め」られるかについて、被害児童の現状を把握し、
被害児童の保護者が出席停止を要求する理由も傾聴しながら、出席停止処
分が懲戒行為ではなく、学校の秩序を維持し、他の児童生徒の教育を受け
る権利を保障するためにとられる措置であるという制度の趣旨や子どもた
ちに与える影響等を十分に理解した上で判断することになります。そして、
出席停止処分を行わないという判断に至った場合には、被害児童の保護者
に、その理由を示して理解を求めるということも考えられます。

・・

参照：学校教育法（昭和22年法律第26号）

第35条　市町村の教育委員会は、次に掲げる行為の一又は二以
　　　上を繰り返し行う等性行不良であつて他の児童の教育に妨げが
　　　あると認める児童があるときは、その保護者に対して、児童の
　　　出席停止を命ずることができる。

一　他の児童に傷害、心身の苦痛又は財産上の損失を与える行為

二　職員に傷害又は心身の苦痛を与える行為

三　施設又は設備を損壊する行為

四　授業その他の教育活動の実施を妨げる行為

2　市町村の教育委員会は、前項の規定により出席停止を命ずる場合には、あらかじめ保護者の意見を聴取するとともに、理由及び期間を記載した文書を交付しなければならない。

3　前項に規定するもののほか、出席停止の命令の手続に関し必要な事項は、教育委員会規則で定めるものとする。

4　市町村の教育委員会は、出席停止の命令に係る児童の出席停止の期間における学習に対する支援その他の教育上必要な措置を講ずるものとする。

Q₂ ── 教育委員会 ●

26条が想定している出席停止処分以外の教育委員会が行う「必要な措置」とは、具体的にはどのようなものですか。

❷学校教育法35条4項において、出席停止処分に際し当該児童の学習権への配慮がされていることからすると、出席停止処分以外の「必要な措置」についても、加害児童の学習権への配慮がされるべきですので、教育委員会が各学校とは別の場所に人員配置して、特別な生活指導を行う特別指導室を設けて、加害児童はそこで通学指導を受け、それを学校の授業扱いとするということが考えられます。

❷ 重大事態における「いじめ」対応

▶条項別 Q&A 【PART4●重大事態における「いじめ」対応】

第28条（学校の設置者又はその設置する学校による対処）

　学校の設置者又はその設置する学校は、次に掲げる場合には、その事態（以下「重大事態」という。）に対処し、及び当該重大事態と同種の事態の発生の防止に資するため、速やかに、当該学校の設置者又はその設置する学校の下に組織を設け、質問票の使用その他の適切な方法により当該重大事態に係る事実関係を明確にするための調査を行うものとする。

一　いじめにより当該学校に在籍する児童等の生命、心身又は財産に重大な被害が生じた疑いがあると認めるとき。

二　いじめにより当該学校に在籍する児童等が相当の期間学校を欠席することを余儀なくされている疑いがあると認めるとき。

Q₁ ── 保護者・学校・教育委員会 ●

本28条1項1号の「いじめにより当該学校に在籍する児童等の生命、心身又は財産に重大な被害が生じた」とは、どのような場合を指しますか。

❹本法11条に基づいて文科省が策定した、国のいじめ防止基本方針（以下、「基本方針」といいます。）によると、第1号の「生命、心身又は財産に重

大な被害」については、いじめを受ける児童生徒の状況に着目して判断し、たとえば、児童生徒が自殺を企図した場合／身体に重大な傷害を負った場合／金品等に重大な被害を被った場合／精神性の疾患を発症した場合、などのケースが想定されています。

「身体に重大な傷害を負った場合」については、具体的には、骨折した場合のほか、社会通念に従い、骨折と同程度の傷害と判断されるものが含まれると解されます。

また、「金品等に重大な被害を被った場合」については、一定の金額を基準に挙げることは困難ですが、金額のほか、被害児童の年齢や被害の継続性等を考慮して判断されるべきです。

> **Q2** ── 保護者・学校・教育委員会 ●
> 本28条1項2号の「いじめにより当該学校に在籍する児童等が
> 相当の期間学校を欠席することを余儀なくされている」とは、
> どのような場合を指しますか。

🅰第2号の「相当の期間」については、基本方針によると、文科省による不登校の定義を踏まえ、年間30日が目安とされています。

具体的な対応としては、一定期間連続して欠席している生徒がいた場合に、欠席の理由がいじめによるものであるとの疑いが生じた場合には、まずは、22条に定められた学内組織で対応することが肝要です。残念ながら、その対応が功を奏さず、当該不登校が30日に及んでしまったような場合には、後述のように、学内組織に専門家を加えるなどして、本条の組織対応をすることが考えられます。

また、別のケースとして、いじめによる不登校が疑われる場合であって、いったんは不登校が解消したものの、再度不登校になってしまったような

場合にあっては、再度の不登校に対応するため、早期に、本条に基づく組織対応をすることも検討されるべきであるといえます。

Q₃ ──保護者・学校・教育委員会 ●

本法28条1項各号で
「重大事態」の要件になっている「いじめにより」とは、
どういう意味ですか。
いじめ自体は軽微で、普通なら長期の不登校等には
発展しないと思われるようなケースであっても、
現に不登校になってしまった場合はすべて含むと判断すべきですか。

A結論としては、すべて含むと考えるべきです。

　「いじめにより」とは、いじめが原因となって、不登校が生じてしまったことを意味しますが、不登校事案の場合、不登校の要因は、通常多岐にわたっていることが多く、不登校に「なる」要因と、不登校が「長期化する」要因が必ずしも一致するとは限りません。

　このように、「長期化」の要因が、調査の結果、いじめによるものではないと判明するかもしれない事案であっても、不登校に「なる」要因に、いじめが含まれていると考えられる場合においては、本条に基づく対応が求められると考えられます。

　いじめが軽微であったというのは調査の結果あきらかになることであって、調査開始の時点では、事案の真相はあきらかではないという視点をもつことが重要です。

Q4 保護者・学校・教育委員会 ●
「重大事態」に該当するかどうかは、誰が判断するのですか。

A 基本方針によると、「学校の設置者又は学校」が判断することになります。

　ただ、児童生徒や保護者からいじめられて重大事態に至ったという申立てがあったときは、その時点で、学校の設置者及び学校は「いじめの結果ではない」あるいは「重大事態とはいえない」と考えたとしても、重大事態が発生したものとして報告・調査等にあたるものとされています。

Q5 保護者・学校・教育委員会 ●
なぜ本28条1項各号は、「疑いがあると認めるとき」と
規定しているのですか？
「被害が生じたとき」「余儀なくされているとき」では
足りないのですか。

A 本条による事実関係の調査は、「重大事態」に対応するために行われるものです。そうだとすれば、「被害が生じた」又は「余儀なくされている」と確定的にいえる場合にのみ調査を開始するのではなく、その「疑いがあると認めるとき」とし、調査開始の間口を広くする必要があることから、このような規定になっていると考えられます。

Q6 ── 学校 ●

28条1項本文には、
「質問票の使用その他の適切な方法により当該重大事態に係る
事実関係を明確にするための調査を行うものとする」とありますが、
「質問票」つまりアンケートによる調査は
必ずしなければなりませんか。
また、「その他の適切な方法」の例を教えて頂けますか。

🅐アンケートは、事実を調査するに際して、網羅的に事実の聴き取りを行える手段であるので、被害生徒がアンケート調査を望まないなど、これを行わないことに合理的な理由がある場合以外には、原則として実施する必要があると考えられます。

ただし、アンケートの実施方法については、事案に応じた工夫が必要であると考えられます。たとえば、特定の氏名を出した上で、当該被害児童について聞くという限定的なアンケートから、学内のいじめについて一般的に抽象的に聞くという幅広いアンケートまで、実施方法には、様々なものが考えられるので、当該事案に応じた対応が必要となります。

また、「その他の適切な方法」については、広くアンケートを取ることが適切でない事案における聴き取り調査などが考えられます。その場合、いじめを受けた児童生徒から聴き取りが可能であるなら、丁寧にこれを行うべきです。また、いじめた児童生徒が複数存在するような事案であれば、聴き取りを行うに際しては、全員に対して同時並行で行うなどの工夫が必要になります。

他にも、関係がある教員からの聴き取りを行ったり、学内にある資料の提供を受けたりすることが考えられます。

本法28条1項本文には、
「当該学校の設置者又はその設置する学校の下に組織を設け」と
ありますが、この「組織」はどのようなものとすべきですか。
また、人選はどのようにしたら良いですか。

❹公立学校を例に述べると、学校の設置者たる教育委員会が調査主体となる場合、本法14条3項の教育委員会に設置される附属機関から利害関係人を除き、本条項の組織とすることが考えられます。

　また、学校が調査主体となる場合には、本法22条に規定する組織を母体として、当該事案の性質に応じて適切な専門家を加えるなどして、本条項の組織とすることが考えられます。

　新たな組織を立ち上げるということでも構いません。

　人選についてですが、基本方針によると「この組織の構成については、弁護士や精神科医、学識経験者、心理や福祉の専門家等の専門的知識及び経験を有する者であって、当該いじめ事案の関係者と直接の人間関係又は特別の利害関係を有しない者（第三者）について、職能団体や大学、学会からの推薦等により参加を図ることにより、当該調査の公平性・中立性を確保するよう努めることが求められる」とされています。本条に基づき行う調査が迅速性を求められることからすれば、専門家等の人選については、上記の推薦等の方法により、前もって行っておくことが望ましいといえます。

Q8 ── 保護者・学校・教育委員会 ●
本法28条1項本文の「速やかに」とは、
どのような時間的間隔をいうのでしょうか。

❷時間的即時性を表す語としては、「直ちに」「速やかに」「遅滞なく」というものがあり、この順に即時性が弱まっていきます。法律上の読み方としては、「直ちに」というのは、「即時に」という意味であり、時間的猶予はないことを意味しています。「遅滞なく」というのは、「合理的理由があれば遅れは許される程度に早く」というような意味になります。

「速やかに」は、中間的な意味となり数日以内にという意味にとらえられますが、より具体的には、2、3日程度を目標とすべきと考えられます。

Q9 ── 保護者・学校・教育委員会 ●
本法28条1項本文の「当該重大事態と同種の事態」とは、
どういう意味ですか。
「同種」とされている以上、被害者が異なっていても含まれますか。
また、同じ被害者が違う加害者からいじめられるといったことも
含まれますか。

❷本法23条の文言との対比から、広く調査の対象とすべきであると考えられます。

この点、本条が「当該重大事態と同種の事態の発生の防止に資するため」との目的を明確にしていることからも、単に当該いじめ行為に対する調査にとどまらないことはあきらかです。

したがって、当該いじめ行為に対する調査の過程で、他のいじめ事案が判明したような場合には、新たに判明したものについても調査すべきであるといえます。

Q 10　保護者・学校・教育委員会 ●
本法23条の調査と本法28条の調査とは何が違うのでしょうか。

Ⓐあきらかに質が異なると考えられます。本条による「事実関係を明確にするための調査」には、不登校事案であれば、不登校に至った原因等も含めて広く調査の対象になると考えられます。

　本法23条との文言の対比から、本条による調査については、本法23条よりも相当程度強い義務性を帯びると解釈され、その調査の正確性・的確性もより高度なものが要請されると考えられます。

　この点、国の基本方針で、「『事実関係を明確にする』とは、重大事態に至る要因となったいじめ行為が、いつ（いつ頃から）、誰から行われ、どのような態様であったか、いじめを生んだ背景事情や児童生徒の人間関係にどのような問題があったか、学校・教職員がどのように対応したかなどの事実関係を、可能な限り網羅的に明確にすることである。この際、因果関係の特定を急ぐべきではなく、客観的な事実関係を速やかに調査すべきである。」とされているのも、上記のような観点からだと考えられます。

第28条2項（学校が重大事態の発生を認知した際の被害児童親への情報提供）

2　学校の設置者又はその設置する学校は、前項の規定による調査を行ったときは、当該調査に係るいじめを受けた児童等及びその保護者に対し、当該調査に係る重大事態の事実関係等その他の必要な情報を適切に提供するものとする。

Q1　保護者・学校・教育委員会 ●
本法28条2項に基づき提供の対象とされる情報には、どのようなものがありますか。

Ａ 条文では、「当該調査に係る重大事態の事実関係等その他の必要な情報」とされており、国の基本方針は、調査の方法について、因果関係の特定を急がず、客観的な事実関係を可能な限り網羅的に明確にするとしています。

　「当該調査に係る重大事態の事実関係等」は、具体的には、いじめ行為が、いつ、どこで、誰から行われ、どのようにして行われたか、ということを指すと考えられます。

　たとえば、いじめの結果不登校になった事案であれば、当該不登校と関係すると判断された「いじめの事実」は、いかに軽微であろうとも、判明した範囲でできる限り正確に提供する義務があると考えられます。

　「その他の必要な情報」についても、本法28条が「重大事態」に対応する規定であることに鑑みて、できるだけ広くとらえるべきです。具体的には、いじめ発生の背景となる主原因と判断された事情、たとえば児童間の人間関係、クラス内での力関係、継続的又は重大な被害が生じた加害行為を加えた児童の性格等についても、情報提供の対象となると解されます。

本法28条2項の情報提供については、
具体的に、気をつけるべき点はありますか。
提供に際して、法的に提供が可能な情報とそうではない情報は
どのように区別すべきでしょうか。

Ａ 必要となる視点は、①個人情報保護の観点と、②プライバシー情報保護
の観点です。

まず、①の点では、個人情報保護法ないし条例等（まとめて「個人情報
保護法制」といいます。）の規制（特に目的外利用や第三者提供の制限）
との関係が問題になります。

国の基本方針では、「これらの情報の提供に当たっては、学校の設置者
又は学校は、他の児童生徒のプライバシー保護に配慮するなど、関係者の
個人情報に十分配慮し、適切に提供する。ただし、いたずらに個人情報保
護を楯に説明を怠るようなことがあってはならない。」とあります。

個人情報保護法制で保護されるべき個人情報とは、「生存する個人に関
する情報であって、当該情報に含まれる氏名・生年月日、住所、電話番号、
性別、学籍番号、メールアドレス、学校の成績、人物評価、写真などの画像、
または教職員・保護者等の情報」などと定義されます。

個人情報保護法制の多くでは、基本的に、本人の同意なしには、第三者
に個人情報を提供することは許されず、例外的に「法令に基づく場合」（個
人情報保護法第23条1項1号）には、本人の同意がなくとも提供すること
が許されると規定されています。

そこで、基本的にはまず同意を得るよう最善の努力することが重要です
が、同意を得られなくても、本法28条2項が上記「法令に基づく場合」に
あたるとして、個人情報保護法制上（は）、情報提供が許されるかどうか

が問題となります。

　このような視点から問題となるのが、加害児童及びその保護者の氏名・住所等の情報です。

　学校側は、加害児童側の同意がない場合であっても、被害児童の救済のために必要な範囲と考えられる保護者の氏名や住所を提供することは許されると考えられます。仮にこういった情報を提供しない場合、かえって被害者側が別途訴訟手続を検討するなど、より紛争が大きくなる可能性もあり、被害者保護の見地からも、提供を許容すべきでしょう。

　次に、②のプライバシー情報保護の観点から問題となるのは、加害児童生徒の家庭環境といった情報です。

　いじめの原因として、加害児童生徒の家庭環境などが影響している場合があり、本法28条1項による調査の結果、加害児童生徒の詳細な家庭環境などが一因として報告されることがあります。

　一般的に、プライバシー情報の中には、特に慎重な扱いを要するとされるセンシティブ情報が含まれていると考えられています。本人の家庭環境や病歴、障がいの有無などは、このセンシティブ情報にあたると解されています。

　本法28条2項の「必要な情報を適切に提供する」とは、当該重大事態と同種のいじめ事象の発生防止に資するため（同条1項）になされるものであることからすれば、上記センシティブ情報をそのまま開示することは必要性・適切性を欠き、違法になる可能性があると考えられます。

　したがって、このような情報を開示するにあたっては、問題点を抽象的に指摘するにとどめ、具体的な事情については開示しないといったような配慮が必要となります。

Q3 ── 教育委員会 ●

いじめの結果、不登校になったという事案で、

本法28条1項の重大事態発生を受けて調査が実施されましたが、

調査報告書では、いじめが不登校の一因であると認めつつ、

それ以外の要因（被害児童の家庭環境、被害児童本人の資質など）

についても一定の影響があったと指摘されています。

このような被害児童の要因のような学校外要因も、

そのまま被害生徒・保護者に伝える必要がありますか。

Ａ とりわけ不登校となった事案の場合、不登校の原因には複雑な関係があり、様々な背景事情が絡み合っていることがあります。

不登校に対する対応として見た場合、被害生徒に寄り添う姿勢が重要であることから、こういった事情はあまり伝えない方が良いように思われるかもしれませんが、いじめ、そして不登校を解消するためには、問題の本質に迫らないわけにはいきません。

また、一方で、被害児童について指摘された要因への反論の機会を与える必要もあると考えられます。

以上のことから、基本的に、いじめ、そして不登校の要因となるすべての情報を開示する姿勢で臨むべきですが、開示することにより、本人の利益が害されることは避けるべきですから、自己情報開示の例外ケースを参考に、本人の生命、健康、生活、財産が害されるおそれがある場合は、開示しないことも許されると考えられます。

Q₄ 保護者 ●

子どもが、学校でいじめられ、不登校が 30 日以上になり、
第三者調査委員会が設置されることになりましたが、
前提として行われた学校の調査は
到底納得できるものではありません。
外部専門家も交えた第三者調査委員会には、
きちんと中間での報告や調査結果の報告を求めたいのですが、
法的に第三者調査委員会にも
報告義務は認められているのでしょうか。
また、被害者の意見を反映してもらうことはできないのでしょうか。

Ⓐ第三者調査委員会は、本法 30 条 2 項の規定によるものですが、通常、条例に基づいて設置されることになります。したがって、第三者調査委員会に課せられる義務については、まず条例の規定を確認することになります。実際の条例では、第三者調査委員会は、当該公共団体の長には報告義務を負っていますが、必ずしも被害生徒・保護者側に対して説明義務を課していない場合もあるようです。

　第三者調査委員会は、機関としては教育委員会・学校とは異なる主体であり、本法 28 条 2 項の文言上、主体は、「学校の設置者又はその設置する学校は」となっていることから、第三者調査委員会が直ちに同項から情報提供義務を課せられているわけではないと解されます。

　第三者調査委員会の職務は、いじめ被害を防止するため事案解明の調査、いじめ予防・再発防止のための過去の学校等の対応についての検証といった点に求められ、性質上、高度の第三者性が求められます。したがって、本来、学校、教育委員会だけではなく、被害者等も含めた、各関係者から第三者的立場にあることが求められるものです。

したがって、被害者の意見を反映する義務も課せられていないというべきですが、当然ながら、第三者調査委員会が被害者の意見をきちんと聴取することは、その使命であるというべきですし、調査が長期間に及ぶ場合には、適宜、説明を行うなど、法的義務ではないとしても一定の配慮を行うことが必要と考えられます。

　なお、国の基本方針は、被害児童生徒からの聴き取りが不可能なケースでは、「当該児童生徒の保護者の要望・意見を十分に聴取し、迅速に当該保護者に今後の調査について協議し、調査に着手する必要がある。」、「背景調査に当たり、遺族が、当該児童生徒を最も身近に知り、また、背景調査について切実な心情を持つことを認識し、その要望・意見を十分に聴取するとともに、できる限りの配慮と説明を行う。」としている点に注意が必要です。

第 3 章

「いじめ」に対応するための学校組織

学校組織の具体的対応

▶条項別 Q & A

　地方公共団体は、いじめの防止等に関係する機関及び団体の連携を図るため、条例の定めるところにより、学校、教育委員会、児童相談所、法務局又は地方法務局、都道府県警察その他の関係者により構成されるいじめ問題対策連絡協議会を置くことができる。

2　都道府県は、前項のいじめ問題対策連絡協議会を置いた場合には、当該いじめ問題対策連絡協議会におけるいじめの防止等に関係する機関及び団体の連携が当該都道府県の区域内の市町村が設置する学校におけるいじめの防止等に活用されるよう、当該いじめ問題対策連絡協議会と当該市町村の教育委員会との連携を図るために必要な措置を講ずるものとする。

3　前二項の規定を踏まえ、教育委員会といじめ問題対策連絡協議会との円滑な連携の下に、地方いじめ防止基本方針に基づく地域におけるいじめの防止等のための対策を実効的に行うようにするため必要があるときは、教育委員会に附属機関として必要な組織を置くことができるものとする。

> ## Q 1　── 保護者 ●
> 本法22条の組織は、学校に必ず設置されることとなっていますが、
> 14条1項・3項の組織は必須とはされていません。
> 本法22条の組織を学校に置くこととは別に、本法14条1項・3項
> で組織を設置することができるとした意義はどこにありますか。

❶学校の関係者やSC（スクールカウンセラー）、SSW（スクールソーシャ
ルワーカー）のような教育に関わる者が想定される22条組織とは違い、14
条1項・3項に定める組織は、任意的に設置される組織になりますが、「学校、
教育委員会、児童相談所、法務局又は地方法務局、都道府県警察その他の
関係者により構成」とされるように、福祉的な視点ももつ児童相談所、人
権擁護の観点から法務局等、刑事的な対応を考える警察などの組織が関わ
ることで、複雑ないじめ問題に連携してより効果的な対応が可能となるこ
とが想定されています。

　したがって、複合的な対応が可能となる点で「22条組織」にとどまらな
い重要な役割があるといえます。

> ## Q 2　── 教育委員会 ●
> 本法14条3項にいう「附属機関」とはどのようなものですか。
> どのようなことを行うことになっているのですか。

❶やや専門的な法律の話になりますが、「附属機関」の根拠は地方自治法
第138条の4第3項であり、同項では、「自治紛争処理委員、審査会、審議会、
調査会、その他の調停、審査、諮問又は調査のための機関」を指して「附

属機関」とされており、条例を設置して設けることが必要とされています。

　一般的には、執行機関に附属する機関となるのですが、本法では、附帯決議において、特に、専門的な知識及び経験を有する第三者等の参加を図り、公平性・中立性の確保に努めることが求められています。その特徴としては、次のような点を挙げることができます。

- いじめ防止基本方針に基づくいじめ防止等のための有効な対策を検討するため専門的見地から審議を行う。
- いじめに関する通報や相談を受け、第三者機関として当事者間の関係を調整するなどして問題解決を図る。
- 本法28条に基づき教育委員会が自ら調査を行う必要がある場合に、調査等を行う。

第22条（学校におけるいじめの防止等の対策のための組織）

　学校は、当該学校におけるいじめの防止等に関する措置を実効的に行うため、当該学校の複数の教職員、心理、福祉等に関する専門的な知識を有する者その他の関係者により構成されるいじめの防止等の対策のための組織を置くものとする。

Q1　校長●

この度、教育委員会から、
「学校におけるいじめの防止等の対策のための組織（以下「いじめ防止対策組織」といいます）」の設置（常設）を行うように
指示を受けました。
この組織を設置する目的を教えてください。

❹本法22条では、「当該学校におけるいじめの防止等に関する措置を実効的に行うため」と規定されています。

　これまで積極的な取り組みが行われてきた学校も多いとは思いますが、法的に組織を位置づけることで、全国のどの学校においても、一定水準の実効性あるいじめ防止等の取り組みを求めるものです。

　その意味で、積極的な取り組みが行われているとの自負がある学校においては、従来の取り組みを、この法律と照らし合わせて再整理し、さらなる向上を目指すということになるでしょうし、取り組みを補強する必要性を感じられる学校においては、法的な枠組みを理解して頂くとともに、積極的な取り組みを行っている学校の実践例を参考にするなどして自校にマッチするあり方を模索していくことになります。

Q₂ 保護者・校長・教育委員会 ●
「いじめ防止対策組織」の役割を教えてください。

❹「①いじめの疑いが生じた場合の具体的な対応」と「②未然防止対策」です。

　①はケースバイケースの対応が求められますが、その反省を②に結びつけるという意識が重要です。

　②については、定期的なアンケート調査の実施などが考えられますが、やりっぱなしで終わらないよう注意してください。

　大きないじめとなってしまってから、実は、以前のアンケート調査で、いじめが申告されていた、ＳＯＳが発信されていたということもあるので、要注意です。「内容分析のための会議をもつ」という形式的なルールを決めておくと漏れがなくなりますので参考になさってください。これらをＰＤＣＡサイクルで検証するということは、よく言われているところです。

その際、一時点での評価も重要なのですが、とある学年が年度を経ていくごとにどう変化しているか等の時間軸（線）としての評価も意識して頂ければ、さらにアンテナの感度が上がるでしょうし、低下傾向にあれば注意信号と予知的にとらえるということもあると思います。

　ちなみに、大阪弁護士会子どもの権利委員会及び法教育委員会では、クラス単位でロールプレイを交えるなどした「いじめ予防の出張授業」を行っています。②の未然防止対策の一つとして活用をご検討ください。

　具体的ないじめに対する措置については、本法23条を参照してください。

Q3 ─── 校長 ●
「いじめ防止対策組織」には、
どのようなメンバーを選任すれば良いですか。

🅰本法22条は、「当該学校の複数の教職員」、「心理、福祉等に関する専門的な知識を有する者」、「その他の関係者」を選任するよう求めています。

Q4 ─── 保護者・校長・教育委員会 ●
なぜ、法律では、「当該学校の複数の教職員」と
規定されているのですか。

🅰早期対応が重要であることは周知のことでしたが、個々の教職員任せでは、抱え込みによって結果的に放置されることがあったり、アセスメントやアプローチ方法の検討が不十分であることなどにより被害児童へのケアや加害児童への指導の遅れなどが生じ、被害がより拡大することもあった

りして、十分な効果が得られない事態も生じていました。

「三人寄れば文殊の知恵」といいますが、複数の教職員（学校の管理職や主幹教諭、生徒指導担当教員、学年主任、養護教諭等が考えられます）が、チームとして組織的に対応することを、法に定めました。

指導的なアプローチだけではなく受容的なアプローチを取り入れたり、情報をキャッチする視点を多角化するなどの観点から、養護、保健室の視点を取り込むことは重要ですので、できるだけ組織内に位置づけることが必要です。

Q5 ── 校長●

本法22条には、学校の教職員だけではなく、「心理、福祉等に関する専門的な知識を有する者」もメンバーとして加えるとありますが、具体的には、どのようなメンバーが考えられますか。

❷Q4とも関連しますが、現在の学校で身近なところでは、SCやSSWが考えられます。

児童福祉や学校問題を積極的に扱っている子どもの権利委員会の弁護士もあり得ます。

Q6 ── 校長●

学校において、本法22条に基づき、組織のメンバーを選び、「いじめ防止対策組織」を設置しましたが、どのように運営すれば良いのですか。

❹多くの英知を結集するメンバー構成としているわけですから、ポイントの一つは、メンバーとなった「複数の教職員」「心理、福祉等に関する専門的な知識を有する者」等の自由な意見交換が実現できるように意識するということです。他方で、学校でキャッチされたいじめの疑い等には早期対応が必須ですから、もう一つのポイントは、機動性の確保です。この両者のバランスを考えた運営が求められています。

　組織が常設されたとしても、それが十分に機能していなければ設置した意味がありませんが、教職員や外部専門家の日常業務の負担を考慮すると、メンバーが集まらず、定期的な運営が困難であることも多いでしょう。学校の人員や組織体制、その他様々な事情を考慮して、「いじめ防止対策組織」を柔軟に機能させることが肝要です。

　以下に、運営モデルを例示してみたいと思います。

（1）日常会議

　「いじめ防止対策組織」のメンバーの中に、いじめ対策の核となる人がいらっしゃると思います。その複数のメンバー（ex.管理職や生活指導担当者）で、一つの会議体を組織します（以下「日常会議」といいます）。

　事案によって、ここに学年主任や担任など必要と考えられるメンバーを加えれば良いので、機動性重視の必要最小限の複数メンバーとするのがミソです。機動性を重視して必要最小限のメンバーで構成し、必要に応じて随時補充するという発想です。

　また、対外的には第1次窓口、対内的には会議の進行係として、担当者を決めておくと運営がスムーズになります。その際、担当者一人に業務負担が集中しすぎないよう、できるだけ役割分担を心がけてください。

　外部専門家には、適宜アドバイスをもらうことが肝要です。

（2）全体会議

　年に数回、学校長が「いじめ防止対策組織」のメンバー全体を招集して開催し（以下「全体会議」といいます）、担当者からいじめ対策に関する現状報告、学校基本方針の見直しに関する審議、いじめ防止対策全体の実

績報告と計画の検証、児童生徒に関する情報共有のための全体報告、当該
報告を受けた新たないじめ対策の審議などを行います。SC等の外部メン
バーが来校する日に合わせて開催するなどの工夫があり得ます。設置はし
たが、全体会議は全く行われていないというのは良くありません。

　その他、いじめが実際に発生したことが確認された場合には、（1）日常
会議のメンバーにより、迅速に情報を収集した上で、（2）必要に応じ全体
会議を招集・開催し、情報収集の結果報告、被害児童の支援の在り方、加
害児童への指導内容など、今後の方針について検討します。

　ある地方の学校では、夏休み期間中、外部専門家も交えた全体会議を、
他の職員も参加する全体会議の一環として、開催しています。その中で、
いじめに関するアンケート調査の結果や、実際に発生したいじめ事案等に
ついて、担当者が全体会議内で報告し、メンバー内で情報が共有されると
ともに、学校基本方針の見直し等のいじめ予防対策について、検証・審議
を行うなどしています。

Q7 　— 校長 ●

当校では、本法22条に基づく組織を設置しており、日頃から、
全教職員に対していじめを発見すれば報告するようにと
伝えていました。しかし、先日、一人の教職員がいじめの存在に
気づいていたにもかかわらず、
これを隠していたことが判明しました。
今後、このようなことがないようにするには、
どのようにすれば良いですか。

Ａどういういじめを隠蔽したのか、なぜ隠蔽したのか、この前提事実と隠
蔽理由を聴取等により調査する必要があります。

その結果如何で対応方法が異なります。

　教員が加害者側になっている事案がまれにあり、その自らの責任隠蔽のためという場合には、残念ながら、当該教員の資質の問題が大きいので、処分及び個別研修等による再教育が必須となります。

　多くは抱え込み等による放置でしょうが、その場合には、個人的な問題と矮小化せず、組織面からの検証も必要です。たとえば、「抱え込み」の場合には、組織面としては、相談しやすい環境の整備（相談した際に、「何だ、こんなこともわからないのか」という対応ではなく、「皆が通ってきた道だよ」というアプローチをするなどの雰囲気作りも含む）や、周囲の声かけという観点からの検証をしてみるなどです。いじめの傍観者の議論と通じるものがありますが、抱え込ませてしまった全職員の、職場環境の課題として受け止めて欲しいと思います。

　いじめの存在を隠蔽することは、いじめを重大化させるだけで、百害あって一利なしです。全教職員に対し、そのようなことのないよう、周知徹底しましょう。そして、教職員がいじめの存在について、早期に学校へ報告できるように、相談担当者を選任し（Q6（1）参照）、相談・通報窓口を設置し、全教職員へ周知しておく等の対策が考えられます。

Q8　校長●

当校の学校基本方針では、全体会議の中において、いじめの疑いがある児童生徒の情報を共有し、いじめ防止対策の見直しを行うという規定があるのですが、実際には、会議も開催されず、児童生徒に関する情報共有もできておりません。
このような場合、法的な問題はありますか。

Ⓐ本法22条ないし学校の定めているいじめ防止基本方針に違反します。

　くれぐれも、法22条に基づく組織のメンバーを選任しただけで安心せず、学校基本方針で定めている組織が行うべき計画や行動内容について、実効性ある活動を行ってください。

　ちなみに、このような事態が生じている原因は、組織を重装備にしすぎて機動性を欠いている場合や、実行すべきことが整理されておらず効率が悪い場合が考えられます。前者については、Q6を参考に組織を再検討してみてください。後者については、学校現場がいろいろな観点からの組織が重層的に存在してしまっており、そこからくる情報の未整理に起因していることがあります。すべてを一度に整理することは難しいですが、ひとまず、この法律の枠組みで組織を整理し、会議開催等の形式面を整備されることをお勧めします。

第4章
いじめ防止対策推進法 見直しに向けた提言

今後のいじめ対策の方向性

　いじめ防止対策推進法（以下、本法）は、附則第2条1項において「いじめの防止等のための対策については、この法律の施行後三年を目途として、この法律の施行状況等を勘案し、検討が加えられ、必要があると認められるときは、その結果に基づいて必要な措置が講ぜられるものとする。」として、法律施行から3年を経過した際に、施策の見直しを規定しています。

　そこで、本章では、その検討の一助とするため、今後のいじめ対策に対する方向性を示すものを提示したいと思います。

第1　いじめの多層構造を理解し、被害・加害のみではない、より広い範囲でいじめをとらえることの必要性

　いじめには、加害・被害の対立構図だけではない多様な実態があり、そのことを意識した対策が必要です。

　現行のいじめ防止対策推進法は、加害・被害の対立構図でとらえがちな条文構造となっています。

　しかし、いじめの実態は、多くの場合、加害者や被害者のみならず、いわゆる観衆や傍観者を含めたクラス全体のいじめに至る構図を理解することなしにはとらえきれません。そして、それらを踏まえた対策を講じることなしには、多くは根本的な解決には至らないと思われ、その部分に踏み

込むことこそが教育に求められているともいえます（人権侵害をしない／目の前の人権侵害を黙認しない）。

　この点で、現行法でも、本法3条1項では、「いじめの防止等のための対策は、いじめがすべての児童等に関係する問題であることに鑑み、児童等が安心して学習その他の活動に取り組むことができるよう、学校の内外を問わずいじめが行われなくなるようにすることを旨として行われなければならない。」と定めるなどし、すべての児童に関わる問題であることは指摘されていますが、傍観者・観衆が存在することを十分意識した条文構造と対応を検討すべきと考えます。

第2　いじめ防止に対する積極的取り組みの必要

　本法においても、いじめ予防の必要は否定されていないものの、主には生じた被害に対する対応を前提としており、法律内での言及は多くありません。

　「いじめ予防」の取り組みとして、たとえば「いじめ予防授業」の積極的位置づけを提案したいと思います。

　子どもの最善の利益を主として考慮して学校問題に取り組む弁護士等の専門的知識を有する者による「いじめ予防授業」を積極的に位置づけるとともに、学校及び学校の設置者である教育委員会に対して、かかる「いじめ予防授業」を学校の日常の教育活動と連動させる努力規定を定めることも選択肢といえます。

　法形式的には、上記第1で指摘した、加害・被害の対立構造だけではない実態を踏まえる必要があるという総論規定に対する具体的対応規定としての位置づけといえ、加害・被害の対立構造の弊害に陥ることなく適切な教育指導を実効性のあるものにするためにも、総論規定とあわせて重要な

位置づけを与える必要があります。

　実質的には、外部専門家の話は、多様な職種を間近に見るという一般的な教育効果があることに加え、弁護士の場合には「子どもの人権」という観点から「いじめ予防授業」を行うことが可能です。意識のある地域や学校において実践が始まっており、概ね好評ではありますが、残念ながら、予算が限られているためクラスごとの授業まではできない学校や検討にとどまっている学校もあります。

　また、外部専門家による「いじめ予防授業」と日常の教育活動との相乗効果を図るべく、両者を連動させる必要もあります。

第3　教師の資質の向上について

　具体的事例を想定したいじめ防止研修を全教員が必ず受講しなければならない必須研修として位置づけ、誘導策としての補助措置を講じるなどにより、教員研修の充実を図ることが必要であり、そのことを明確に法律、あるいは少なくとも基本方針で定めることが望ましいと考えます。

　「いじめ」の定義は、（ⅰ）個々の行為が「いじめ」に当たるか否かの判断を、いじめられた児童生徒の立場に立って行うという点が第1のポイントであり、（ⅱ）条文上明示はされていませんが、『いじめられていても、本人がそれを否定する場合が多々ある』という実情と、周辺状況等の総合評価によって判断するという方法論が第2のポイントです[注1]。

　第1のポイントは概ね周知されていると思われますが、第2のポイントについては、①具体的関わりの中で、被害生徒に『いじめ』かどうかを尋ね、被害生徒が『いじめ』と思っていなかったと言ったので、『いじめ』としての対応をしなかったという事例も散見されるところであり、②他方、当該事案については加害生徒ではあるが、以前にその被害生徒からいじめられ

たことがあるという申告があった場合にはどう対応したら良いか苦慮する
などの現場からの相談もよくあるところであり、この具体的領域について
の対応についての考え方や対応方法のあり方についての理解の周知には、
なお不十分なところがあると言わざるを得ません。

　この第２のポイントは具体的事案ごとに対応が様々であることが予想さ
れるところであり、教員の力量によって大きく左右されるところであるの
で、形式的な法制度の解説や理解にとどまらず、対応方法も含めた一定水
準の力量を全教員が確保する必要があります。

　本法で定める「いじめ」の定義及び対応から、「いじめ」を察知する能
力が十分な教師については対応の義務が課される一方、そういった能力が
十分でない教師は、かえって対応の義務から免れるといった結論は合理的
ではないということも指摘でき、いっそう教員の研修が必要と考えられる
ところです。

･･

注１：

　「いじめの防止等のための基本的な方針（平成25年10月11日、文部科学大
臣決定）」において、「いじめには、多様な態様があることに鑑み、法の対象と
なるいじめに該当するか否かを判断するに当たり、『心身の苦痛を感じている
もの』との要件が限定して解釈されることのないよう努めることが必要である。
たとえばいじめられていても、本人がそれを否定する場合が多々あることを
踏まえ、当該児童生徒の表情や様子をきめ細かく観察するなどして確認する
必要がある。ただし、このことは、いじめられた児童生徒の主観を確認する
際に、行為の起こったときのいじめられた児童生徒本人や周辺の状況等を客
観的に確認することを排除するものではない。」とし、「いじめられていても、
本人がそれを否定する場合が多々ある」という実情と、周辺状況等の総合評
価によって判断する方法論が指摘されています。

第4　重大事態に対する対応の整理

1　重大事態と扱う場合の基準の明確化

まず、本法28条の「重大な被害」の基準を明確化することが必要です。

「いじめにより…生命、心身又は財産に重大な被害が生じた疑いがあると認めるとき」に重大事態と扱うとの条文ですが、各項目についてどの程度の被害をもって「重大な被害」とするのかが必ずしも定かではありません。

しかし、統計資料的な情報収集や分析を行うためにも、行政が平等に対応するためにも、統一的な基準は不可欠であり、運用基準として一定の指針が示されるべきと考えます。

2　不登校事案の対応の再検討

「いじめ」の重大事態に関しては、重大な被害が生じるおそれと、いじめによる不登校が一定数に達した場合に重大事態として対応するという条文構造（本法28条）になっています。

これまで実施されてきた（第三者）調査委員会による調査を実施するという方式は、重大な被害が生じたケース（とりわけ、被害児童が自死に至ったようなケース）にはよく基本方針等が想定する事態が妥当しますが、もう一方の不登校対応の点で同一の方式を採用することはやや硬直的といえるので、不登校を伴う重大事態の位置づけを再検討すべきです。

不登校は、重大ないじめ被害が発生している場合の大きなメルクマールの一つであり、かつ、「いじめ」が原因ならそれによって教育を受ける権利を侵害されている重大な事態であることは間違いありません。法律制定によって、この重大性についての危機意識が飛躍的に向上したことは、この法律の成果といえます。

しかし、そもそも不登校の原因そのものは多様であり、「いじめ」という

視点のみではとらえきれない場合があります。過去、不登校において、不適切な登校刺激が問題となったこともありますが、同じようなことが発生しないか心配な面もあります。また、不登校の場合は、1日1日、目に見える形で不登校が積み重なっていきますので、最初の段階からアセスメントとそれに応じた適切な対応を行っていくべきであって、一定数に達したとたんに形式的に急に重大事態と位置づけられて調査するという点にも、方法論としての違和感があります。

　法律制定によって向上した危機意識は維持されるよう意識しつつ、具体的事案における適切な対応ができるような柔軟性をもたせるべく、不登校の位置づけを再検討することが望まれます。

第5　専門家としての弁護士の位置づけ

　本法には、「心理等の専門家」としてSC（スクールカウンセラー）、SSW（スクールソーシャルワーカー）の存在は想定されていますが、法律の専門家としての弁護士は、必ずしも位置づけがありません。

　しかし、学校現場において、法的視点が必要になることは、本法が制定されたことからもあきらかといえます。

　子どもの最善の利益を主として考慮して学校問題に取り組む弁護士に、学校長の裁量で相談できる予算措置を講じられる必要があります。

　これは、いわばSCの弁護士版の整備といえます。

　学校現場は様々な課題に直面しており、子どもの最善の利益を主として考慮するという共通の価値観に立った法的助言を気軽に受けることができると非常に助かるという学校現場の需要は高いのですが、法的助言は万能ではなく、容易に対応策が見いだせず難しい事案ということを確認することしかできないような場合もあると思われます。しかし、子どもの最善の

利益のために共に悩み考えるという場をもつことで、一定の整理ができることも多いはずです。

　子どもの最善の利益を主として考慮した法的助言は、学校現場の実情を理解しつつもときに苦言を呈することもありますが、子どもの最善の利益を主として考慮した法的助言は、学校の適切な対応力の向上をもたらし、それは生徒児童の利益に直結します。このことは、学校の自信や保護者からの学校への信頼感につながるはずです。

　現在、大阪府等の一部の地方公共団体では、学校をサポートするスクールロイヤーとして活動する弁護士がいます。今後は、これをさらに拡大し、一つの学校に1人の弁護士がアドバイスできる状況を作出することが望ましいといえます。

第5章

ディスカッション
どうなる？「いじめ」の
法的対応

ディスカッション
どうなる？「いじめ」の法的対応

P弁護士　　　　　　　　**T弁護士**　　　　　　　　**C教授**

——この鼎談では、いじめ防止対策推進法（以下、本法）の施行によって何が変わり、どんな課題が生じているか、現行法の問題点は何か、等々についてお話し頂き、最後に法の改正に向けての提言を頂きたいと思います。

◆「いじめ」の定義は法によって変わったのか？

——そもそも「いじめ」とは何なのか、「いじめ」と単なる子どもどうしの「けんか」や「摩擦」との見分けがつきにくいと学校現場では思っています。どのように区別したら良いのでしょうか。

C教授　学校現場では、一般的に次のような認識を持っているようです。かつては「いじめ」には、①強い者対弱い者という力の上下関係があること、②継続性、反復性があること、③殴ったりする物理的行為はもちろん罵声（ばせい）や無視など、受けた相手が精神的に苦痛を感じること、という三つの要件がありました。これに対して、本法では、心理的又は物理的な影響を与え

る行為を受けた児童生徒が心身の苦痛を感じていること、これが「いじめ」であると定義されました。つまり、子どもどうしのトラブルであっても、本人が苦痛を感じればすべて「いじめ」というカテゴリーに含まれるようになったわけです。その認識が、学校現場にはまだ浸透していない。現場の感覚と法の定義とのズレは確かに生じていると思います。この点は、法の趣旨ないし定義変更の趣旨の周知という課題です。

　定義そのものの課題としては、本人が苦痛を感じればすべて「いじめ」というカテゴリーに含まれるようになったという一方で、国のいじめ防止基本方針では「けんかは除く」としていることから、何をもって「けんか」とするか、「けんか」との分類がわかりにくいです。

P弁護士　以前は力の強い子どもや数人が、一方的・継続的に特定の子どもを攻撃するのが「いじめ」だというニュアンスがあったと思います。いじめ問題に敏感で知識がある保護者は、本法の条文どおりにとらえて「いじめ」だと訴えるけれども、子ども本人やいじめの加害者とされる子、周辺の子どもたちは、そこまでの意識を持っていないケースも多々あります。そこも、現場としての対応が非常に難しくなっている原因の一つでしょう。

C教授　熊本県立高校の事案（2013年4月の自殺事案）では、「にらんだ」行為とか「またぁ」という言葉も「いじめ」行為であると認定されました。またたとえば、今までいじめる側にいた子が、ある日を境に友だちから無視されるようになる。無視されたことで本人が苦痛を感じ、いじめだと訴えたら、それまでさんざんいじめる側だったじゃないかと現場では感じていても、「いじめ」になる。逆に、今までいじめられていた子がある日を境にいじめる側に回った場合でも、いじめられていたからいじめ返したのだという現場感覚はあっても、「いじめ」になります。学校での状況は、いじめっ子、いじめられっ子、観衆、傍観者という四層構造の中で、時間の経緯とともに様々に推移していきます。

ところが本法の定義の下では、刑事法の犯罪行為と同じように、単発の行為をもって「いじめ」の加害者と被害者を峻別し「被害者救済」を旨とする法がドンと下りてくる。

　子どもの関係性の現実と法とがうまくかみ合っていないのが現状だと言えます。

P弁護士　その点は定義や法そのものの課題なのではなく、対応方法・スキルの課題ととらえています。たとえば、原因があっていじめたというパターンの場合、「だからって、いじめて良いってことにはならない」のではないでしょうか。原因面には別途取り組む必要はあるかもしれませんが、まずは切り分けて話をするということが大事なのではないかと考えています。けんか両成敗的な処理をしてしまって「いじめ」の歯止めにならなかったという事例はそこそこあります。

　学校現場では、過去、受けた子が苦痛を感じている様々な行為について「いじめ」ではないといった解釈で放置されてきたことも少なからずありました。そのようなことがないように、法律は、定義を広くとったのだと理解しています。もちろん、「いじめ」ととらえられる範囲が広がることで学校現場に与える影響はあると思いますが、法の定義は正しい方向だと思います。学校現場も「いじめ」の定義部分であまり悩まないことになって、良いと思うのですが。

T弁護士　ご指摘はわかりますが、定義の広がりとともに、実際に学校現場が対応すべき件数が増加することが気になります。C教授の指摘のとおり、複雑な背景があるはずなのに、被害感情だけで「いじめ」を定義してしまうのは、いじめの実態に合っていないところがあるように思います。「いじめ」に該当するとしても、すべての「いじめ」を同じレベルで対処する必要があるかという問題もあるでしょう。

　もう一点、「いじめ」だと訴えるのは、基本的に保護者の方が多い。保護

者は「いじめ」についてかなり学んでいて、学校との話し合いの場に「いじめ防止対策推進法」と「国のいじめ防止基本方針」、その学校の「いじめ防止方針」のコピーを持参することすらあります。「いじめ」だと訴えなければ学校が動かないと考える保護者が多いからかもしれません。先のC教授の挙げた例でも、学校側としては、今までいじめていた（いじめられていた）側だろうとは言えないわけで、本法上は訴えがあった時点とそれ以前とは分けて考えて、法に従った対応をしてくださいとアドバイスをするようにしています。

P弁護士　常に重装備の体制で対応する必要があると硬直的なとらえ方になると、学校現場は大変だと思います。その体制面には、運用面の工夫や法そのものの課題があるかもしれません。

　しかし、「いじめ」の程度を過度に問題視することは危険です。学校側が軽い「いじめ」と考えたとしても、その子にとって、実はいじめられてきた長い経過があり、わずかないじめでも、絶望を生み、不登校や自殺の後押しになってしまうことがあり得ることは理解しておいてもらいたいです。

T弁護士　その点は、現在の法律では、入口の部分で広く「いじめ」ととらえて、実際の対応プランやその前提となるアセスメントにおいて、「いじめ」の程度が考慮されることになるのでしょう。

◆「被害者」対「加害者」という構図の問題点

　──C教授が言われたように、本法により単発の行為によって、いじめの加害者と被害者を峻別するという構図ができ上がるようになりました。そのことによって保護者も含めた子どもどうしの関係性にも変化が生じているのでしょうか。

C教授　いじめを受けた子どもは被害者で、いじめた子どもは加害者となり、被害者は絶対的に守られ、加害者は懲罰を受けるという意味で、良くも悪くもこの法律には「分断」を生む力があります。加害者は刑法上の犯罪者と同じような扱いになるわけです。この「加害者」「被害者」というレッテル貼りが、いじめた子＝絶対的な悪者というイメージを強くしているのではないかという意見も、スクールカウンセラーやスクールソーシャルワーカーから出ています。そして、この「被害者」「加害者」という言葉に対して、保護者がかなり大きく反応するようになったと思います。

P弁護士　加害に陥ってしまったことについての児童生徒への働きかけは必要なのですが、被害者対応やいじめ防止という観点からは、私も、「被害者」対「加害者」という二者対立構造のとらえ方になってしまっている本法には課題があると考えています。

　「いじめ」が「被害者」対「加害者」という二者対立構造の中で発生しているのではなく、傍観者等も含めたクラスの空気感のようなものの中でエスカレートしていくということは広く認知されているのですから、被害者を守るためにも、次なる被害者を生まないためにも、クラス全体への働きかけは不可欠です。

　レッテル貼りの観点から、保護者が大きく反応してしまう点については、一般論的には、いじめの構図や対応方法についての保護者間及び保護者と教員間の共通認識化を図り続けていく必要があるということなのでしょうね。その意味でも、法律にもその意識を反映した形にして欲しいとは思います。

　また、一般的に、子どもが理不尽に傷つけられるのは、保護者にとっては辛いことです。その辛さ（心の痛み）に、被害感情を増幅する要因が加わると、ときとして保護者は攻撃的になります。被害感情を増幅する要因が、保護者の過去の体験や生育歴等にも由来していることもあるのですが、「いじめ」の対応として、放置や隠蔽など、不十分な対応も少なからずあった

ため、保護者としては、子どもを守ろうとして攻撃的にならざるを得ない場合があったことも事実です。

Ｔ弁護士　もともと子どもはときに悪辣（あくらつ）なこともするかもしれませんが、良いこともたくさんして、ない混ぜになって成長していくものです。しかしこの法は、ある一時点ですっぱり切って、被害・加害で切り分けて対策を講じることが中心となっている印象で、現場の子どもたち全体にとって、かなりの問題が生じることになっているのではないか、ということを危惧します。

　保護者側の対応として、なんでもかんでも被害に遭ったと申告することが、子どもにとって本当に良いのかどうかという問題はあると思います。

　「いじめ」に適切に対応するためには、「加害者」「被害者」だけではなく、「観衆」や「傍観者」に対する対応も必要です。こういったことが考慮されないまま、「被害者」「加害者」という二極化の構図だけが一人歩きすることは避けるべきでしょう。

　一方で、「加害者」と認定されてしまう子ども・保護者への対応も考える必要があり、子どもが「加害者」とされることへの負担、不満が出ることも考えられます。

Ｃ教授　本法によって、これまでは連続する時間軸において生起し、いじめる側といじめられる側だけでなく周囲の子どもたちも加えた関係性の中での出来事であると認識・理解されてきた「いじめ」が、その瞬間、その二者間だけの問題であるかのように取り扱われるようになってしまったと言えないでしょうか。私が危惧するのは、そうした「子どもたちの世界」のダイナミズムを無視した取り扱いが、子どもたちの成長発達にマイナスの影響を与えはしないだろうかということです。この法律の意義は認めつつ、こうした危惧についてどう考え改善していくのかが課題だと思います。

◆対応しきれない学校現場

——C教授は本書のディスカッションの中で、「『いじめ』の事象は、実際には複合的かつ流動的で本法が定義するような一方的かつ単純なものではありません。(中略)きちんと対応できる力量のある教師が、背景事情を考慮しながら適切に問題解決を図る枠組みが軽視され、結果、教育現場が硬直しないような工夫が必要と思われます」とおっしゃっていますが、この点についてもう少しお聞かせください。

C教授　学校は「いじめ」の事案が発生したときに、事態を局所的にとらえる傾向が生まれ、問題構造を俯瞰的に見る姿勢を持っていないことがあります。問題の対応には、アセスメント(見立て)とプランニング(手立て)を必要としますが、教師があまりに多忙で、日替わりメニューのように毎日何かが起きる学校ではてんやわんやになります。「いじめ」に限らず、子どもどうしのトラブルでは、これまで生徒指導主事の先生たちがそれぞれの経験則に基づいてイニシアティブをとりながら動いてきました。ところが、この法律ができてからは、基本的に学校長がリーダーシップをとるようになりました。往々にして、保護者が怒っているのだからすぐ調査に入るようにと指示をして、ダイレクトに加害者とされている子どもへの聴取をしてしまいます。今まである程度時間を置きながら、子どもといろいろなやりとりをして問題を整理し、子どもどうしの複雑な関係を解きほぐしながらやっていったのに、「迅速に」とか「速やかに」という用語が本法で規定され、時間的余裕がなくなってしまっている。テンポが合わなくなってきているという実感が現場にはあると思います。

P弁護士　経験豊かな優秀な教員の頭の中では、現在・過去・未来、トータルな流れの中で今どうなっているか、という見方ができるだろうと思います。子ども一人ひとりの成長の流れの中でここは頑張ったなと思えば、

それについて声をかければ本人も喜ぶ。一つ誉めれば一つ注意するといった塩梅です。しかし、現実はそうした優秀な教員が多くはなく、それが問題なのです。だから、経験や勘といったことではなく、決められた手順・マニュアルに沿って「いじめ」の対策をとれということになった、それが本法ではないでしょうか。

◆記録化の重要性

C教授　事実関係の確認について、学校現場としては、きちんと記録を作ってもらうことと、その記録を基に、どのような事実があったかを認定することを意識してもらう必要があります。ただ、事実認定と一口に言っても、たとえば、「いじめ」により生徒が自殺した事案で遺族が真相を知りたいという案件と、「いじめ」により不登校になってしまった生徒を再度登校できる状態に戻すことを目指す案件とでは、事実認定の詳細さに程度の差が出てくる場合もあるでしょう。

P弁護士　親として、子がいじめに遭っているのであれば、その真実を知りたいという気持ちは、当然だと思います。

T弁護士　学校現場は多忙な中で、記録や調査報告が大きな負担になっています。先生方からは「事実確認のために学校はどこまで調査すれば良いのか？」という質問を受けます。たとえば悪口を書いた紙があったとして、その指紋を取ったり、筆跡鑑定まで行ったりする必要がありますか？といった話まで出てきます。私としては「学校は調査のプロではないのだからできる範囲で結構です」というアドバイスになります。

P弁護士　それは少し極端なケースですね。ただ、教員はしんどくても、事実を記録する習慣を最低限身につけておいて欲しいです。アセスメント

には過去の経緯も重要なのに、そもそも記録していなければ、過去に担当されていた先生が異動になっていた場合などでは、アセスメントに適切に反映できない事態も生じてしまうのではないでしょうか。

　保護者は学校で何が起こっているのかがわからないから不安になるのです。対応していると言われても、原因が把握できていなかったら適切な対応ができないのではないかと思って不安になるのです。ですから、何が起こっているのかの事実が知りたいということです。

　もちろん、調査をしてもわからないということもあるとは思いますが、それはそれで、わかった範囲で事実整理をして、グレーの部分はあるが、今後、その点はどう対応するという話があれば、一定の理解は得られると思います。しかし、トラブルになって弁護士に相談に来る事案の多くは、その前提事実の調査とその後の対応がおざなりで、ひどい場合には、被害者の落ち度が強調されていて、学校の責任逃れのための調査という心証を被害者側に与えてしまうようなものも散見されます。

T弁護士　記録化は大事だと思います。記録をきちんと取ってないことで保護者とのトラブルになる可能性は十分にあるわけですから。たとえば卒業して2、3年経って、在学中にいじめを受けたと訴えられたとして、当時の教員は他の学校に転勤して記録も残っていないとなると、対応も難しくなってしまいます。

　ただ、学校として、常に訴訟に至ることまで想定して詳細な記録化をするということは、やはり負担が大きいでしょう。その意味で、必要に応じて、弁護士等の専門家がアドバイスをする必要があるように思います。

C教授　現実には先生方はみな忙しいので、トラブルや紛争になってからようやく記録を取り始めることが多いようです。ただ、子どもが「自分はいじめられています」と訴えるのは改まってのことではなくて、たとえば廊下ですれ違ったときにボソッとつぶやく、何気ない会話で不安そうな表情

を見せる、そういう瞬間です。そのときに教員がピンとくるかこないか。その場で「ちょっと相談室で話を聞こうか」「放課後に頼みたいことがあるから先生のところに来てくれないかな」と誘って「最近、何か困っていることはないかい？」といった対応をするのか、それとも「忙しいから、また今度ね」を繰り返していて、後で子どもが「先生に訴えたけど何も聞いてくれなかった」と言われるのか。記録化に入るプロセスももちろん大事ですが、教師の感度の高さに関わってくる問題でもあります。

T弁護士　どの時点から記録化するのかは難しい問題です。最低限、保護者からいじめの一報を受けた時点で記録化を始めなければならないことは確かです。日常的にどこからかとなると、感度の高い先生は一つ一つの訴えを拾ってしんどくなる、感度が低い先生はスルーして「いじめ」がなかったようにしてしまう。そういう状況を仕組みとして作り出してしまう問題点が、本法にはあると思います。

C教授　記録化というと、どうしても犯罪捜査をしているように感じるようですね。それに、小学校ではクラスの中でトラブルが同時多発的に起こりますし、中学校の場合、メモ用紙を持ちながら部活動の指導などできません。他の先生も同じ状況だからサポートもない。後でやろうと思っても、ヘトヘトに疲れきって寝るのが精一杯です。わかっちゃいるけどできないんだ、本法は今の教員の忙しさを理解しているのかという声はよく聞きます。だから私は簡単なメモで良い、ただし日付と記入者だけは書くようにとアドバイスをしています。メモがあれば、少なくとも教員が状況を認知したことになりますし、日付があれば日にちを確定でき、メモを見て記憶がよみがえることもあります。

　　——詳しいメモは必要ないけれども、最低限どこをしっかり記録を取れば良いのでしょうか。

Ｐ弁護士　何日の何時ごろ、場所はどこで何があったのか、そのときのことを学校側で把握していなければ、直ちに事実確認をしなければならなくなります。ただ、保護者側からの情報も子どもから断片的に聞いた話に中心を置いているので、偏っていることも多くなります。しかし、本法による「いじめ」の定義が、被害を受けた者の主観に依っているわけですから、保護者の主観かもしれないけれども、疑いもあるのだから事実なのかもしれないことを前提にした対処が求められます。判断が難しい場合が出てきています。少なくとも叩かれたとか仲間外れにされたという訴えがあった以上、当該の子どもたちに事情を聞かざるを得ないでしょう。

◆情報開示の難しさ

Ｔ弁護士　とりわけ小学校の低学年の場合、子どもによってまたそのときによって、言うことにかなりのズレが出てきます。当然と言えば当然なのですが、保護者は納得されずに、学校側がどのような調査をしたのか、確認した内容を書面にして出すように求めるケースもあります。「いじめ」があったかどうかを自分たちが確認するためならともかく、書面を裁判で訴えるときの証拠に使うとまで言い切る保護者もいます。学校から相談を受ける立場としては、書面にする義務は必ずしもない、ただ、保護者に対してきちんと説明する義務はありますという話をします。

　――そうなると、学校はどこまで情報を開示すべきなのか、書面にする義務まであるのかどうか。線引きが難しいですね。

Ｔ弁護士　義務ではないにしても、調査した結果の骨子を文書にして、それを見ながら保護者に説明をするというやり方は学校側にとっての一つの対応だと考えています。

C教授　情報開示に関して、保護者から文書を出して欲しいと言われるケースはたしかに増えました。書面にする義務は必ずしもないにもかかわらず、校長先生が保護者から激しく責められて、その場を何とか収めるために文書で出しますと約束をしてしまったり、骨子だけならともかく、背景事象まですべて書いてしまったりするケースもあります。

T弁護士　書面を出す出さないという段階の話と、出すとしてもどの程度の内容を出すのかは別に考えないといけないということを意識して欲しいと思います。

　学校側が保護者に書面を出すと約束をしたということであれば、それは守るべきでしょう。

　書面を出す出さないという段階では、書面の一人歩きの問題も意識しておく必要があります。被害側の保護者が受け取った文書を持って、加害側の保護者に対し、学校はこのように事実認定をしていると追及する事態も生じることになり、紛争状況がかえって激化しかねない事態も想定されます。他方、今度は、なぜ文書を出したのか、これらの事実を学校側が認定したのかと、加害側の保護者からも責められるわけです。学校は裁判の話になると非常に辛い。担任の先生も含めて大きな負担となり、それが休職や精神疾患にかかる一つの原因になります。事実確認したのが校長先生であれば、校長先生に裁判への出廷や証人をお願いされることまであるようですから。もちろん、国家賠償法に基づく学校への責任追及となれば当事者になりますし。

◆発達障がいが関係するケースの難しさ

　──発達障がいの子どもが絡む「いじめ」では、この情報開示の問題を含め問題が複雑化、深刻化するようです。

C教授　本法では、発達障がいの子どものことが一切言及されていません。発達障がいの子どもは、いじめられる側になることもあれば、いじめる側になることもあって、保護者に子どものことをどう説明して良いかわからないという悩みは、学校現場でよく聞かれます。自閉症スペクトラム、もしくはADHDの子がいきなり隣の子を殴ると暴行ですが、「いじめ」だと訴えられた場合にどうするか。訴えた側の保護者は当然、謝罪させるとか別室指導をという要求をするわけですが、仮に学校側がこの子は発達障がいの傾向があると説明したとして、発達障がいなら何をやっても良いのかという話になりますし、加害者の保護者からはなぜ勝手に個人情報をばらしたのかと責められる。学校側は両者のはざまで、事実関係をどのように記録に残すか、開示請求されたときにどうするか、非常に呻吟するところです。

T弁護士　今のような場合、形式的には「いじめ」の定義に当てはまりますが、「いじめ」として対応をして良いのかどうか、あるいは「いじめ」と認定するとして、法律に書いてあるとおりの対応をすればそれで済むのかという問題が出てきますね。ましてや情報提供する義務がある中で発達障がいであることをどこまで出すのか、加害者の保護者の同意を得られない場合どうしたら良いのか。学校現場の大きな悩みになると思います。逆に発達障がいの子どもが被害者になった場合は、再発防止を考えるにしても、被害者である子の特性に配慮したプランが必要とされるなど、特別のニーズを意識しなければならないでしょう。ただ、情報提供という点については、被害者である子にどこまでどう伝えるかという問題はあるにしても、少なくとも保護者に対する関係ではあまり特殊な考慮要素はないと言えるかもしれません。

C教授　問題は加害者になったとき。どの学校も困っています。

T弁護士　おそらく学校としては、専門家にその子どもの特質を調べてもらうようにと保護者に伝えるとか、見守りの先生をつけるとか、支援員をつけるとか、そういう形になるのでしょうね。ただそうしてもすぐに問題行動がなくなるわけでもない。

P弁護士　発達障がいの子がいじめる側の場合、その中身や質によっても違うと思います。大きな声で騒ぐようなレベルの話だと、その程度で目くじらを立てられたら辛いと感じますよね。

　しかし、被害側の保護者としては、自分の子に非はないわけです。そのような事案について、学校の対応が、加害の子の特性のために十分でないとか、情報開示がなされないということでは、真の原因究明や再発防止策にはつながらないのではないでしょうか。

C教授　子どもの特性を先生が理解していないからいけないのだと。なぜうちの子を加害者扱いするのか、しかも被害側の保護者から賠償請求されてしまった。これは学校のせいだと言われかねません。

T弁護士　たとえば性被害が発生したら、とにもかくにもその被害者を保護しなくてはなりません。しかし加害者がいろいろな問題を抱えていると、ますます学校は難しい対応を迫られますね。

C教授　実際に猥褻（わいせつ）な言葉を言って嫌がらせをするとか、待ち伏せをして猥褻な写真を見せるといったケースがあります。そうなると、被害を受けた子どもの保護者にはその子を完全に排除しろという論理が強くなります。このいじめ問題をどう解決するかが保護者にとっては大事なわけですから、診断を受けてそれで終わりでは不満だ、と必ず保護者は言います。その先の対応が提示されなければ納得しません。カウンセラーやソーシャルワーカーが入ったとしても、穏便に学校の先生以上にうまく伝えられるわけではありません。

P弁護士 加害者の保護者が、わが子が発達障がいであることを認めがたいと感じている場合は、さらに難しくなりますね。

C教授 今の時点では成り行きを見るしかないということでしょうか。ベストアンサーはもちろん、ベターアンサーすらない。

T弁護士 そうでしょうね、はっきりと明確な答えは出ないと思います。ここでも教師の感度と事案の見立てが重要だということと、今まで話してきたようなケースもあるということを頭の隅に入れておくことしかないとは思います。

◆「いじめ防止基本方針」をどう考えるか

——本法の下で文部科学大臣が「いじめ防止基本方針」を策定し、それに則って地方公共団体そして学校が方針を定めるようになりました。

C教授 「いじめ防止基本方針」は、県教委レベルのものが相当に分量が多く、理念や組織体制がかなり細かく「これでもか」というぐらい書いてあります。学校の「いじめ防止基本方針」は、かなり様々で、3ページ程度のものから10ページを超えるものまでありますが、多くは教育委員会が「ひな形」を提示し、それを「コピペ」して「学校名」を入れ、部分的にその学校の組織体制や校務分掌組織の違いによって手直しをするという形になっています。「作らされた」感が強く、「ほんとに、その程度までやれるの?」というものもある。一方、保護者側は学校のホームページのトップからいじめ防止基本方針をダウンロードしてきちんと学習をしていて、それが学校と保護者・子どもとの法的な契約のようなものと受け止めてしまう。作った学校側にはそのような意識が薄いと思います。前の校長がすごく細かく作っていて、新しい校長がこれは違うと思っても簡単に直せな

い。いきなり大きく直すとなぜ方針を変えたのかと問われるので非常に厄介です。

P弁護士 学校が自校のいじめ防止基本方針を軽く考えずに、将来の「いじめ」の案件を想定して独自の基本方針をきちんと作ることは非常に大事です。保護者にとっては、学校が定めたいじめ防止基本方針は学校が守ることが当然のものと考えるので、要求活動の柱にすえることが多くなるでしょうね。

T弁護士 保護者の中には弁護士よりも法律に詳しいのではないかと思うほどの人もいます。私が学校関係の研修で先生方を相手に話をするときも、やはりガイドライン、基本方針を作っている以上はすべて知っておいて、何か起こったらそこに戻るということを必ず覚えておいて欲しい、知らないのは大問題だと常々言っています。国の基本方針は「学校はいじめ防止ができるはずだ」ということを前提としているように思います。たとえば、国の基本方針には「警察との連携をする」と書いてあるけれども、具体的には何も書いていないから、学校現場は何をどうしたら良いのかわからない。一方、「いじめ」を受けた子どもの保護者は、迅速な解決を求めるために警察に被害届を出して、「要求が通らなければ被害届の取り下げを行わない」という交渉手段に使ったりする。学校がその対応に驚きおののくというのが現実でしょう。

C教授 保護者はわが子を放っておくと自殺するのではないかと思うから、ともかく早くして欲しいという気持ちが強くなりますよね。だから保護者としては被害届を出した方が早いし、教育委員会に直接行った方が早い。学校も今までの子どもとの関係性を抜きにして調査する、そういう風潮になっていますね。「いじめ」の予防という点では、先生たちの感度を上げるという話に結局戻りますが、いじめの定義が変わって、保護者の意識も変わり

ました。子どもどうしの関係も複雑になっている。そのあたりの感度を高めていく必要があります。

◆なぜ第三者委員会で学校の調査報告が覆されるのか

——学校の第一次調査報告が第三者委員会によって覆（くつがえ）されるケースが目立ちます。たとえば方針に則って出したものが蓋を開けてみると嘘があったり、隠蔽していたり、そういうケースが多いですね。

P弁護士　先ほどから出ているように、一般に教員は、客観的に出来事を記録することや事実確認の調査をすることに慣れていませんし、データや資料を基に判断するような思考回路にもなっていません。一定の結論ありきで出された報告ではないか、本当に裏付けをして認定したのかと、保護者が疑念を持ちやすいのは事実でしょう。第三者委員会には弁護士や各分野の専門研究者など様々な人が入っていて、かなり内部で議論して論理を立てて認定していきますから。

T弁護士　私の立場としては、もちろん将来どういう動き方をするかわからないので、第三者が見ても問題ないようにという話はします。ただ、学校としては、必ずしも法律の定義では「いじめ」に該当するかもしれないけれども、そこまでの対応をするような事案ではないという認識があるのかもしれません。それが第三者調査委員会からは「これは『いじめ』だ」と判断して突き返される。そういうことではないかと思っています。

C教授　特に自殺による死亡事案が発生すると、仮に「いじめ」問題が絡まなくてもそれだけで学校はパニック状態になります。「いじめ」が少しで

も絡んでいれば、その調査体制を作るのに、特に外部識者を入れて会合を
開くのには人選や日程調整も含めて手間取るわけです。他方、第三者委員
会として事実の整理をしていくのは大事ですし、第三者委員会が定着して
いくのは良いとして、同じことを学校現場に求め始めると、学校はすべて
の機能をいったん停止してあたらざるを得ないという現実もあります。学
校は日常業務をやっていかざるを得ないわけですから。学校が事実を軽く
見ている、そのことを注意できる人が内部にいれば良いけれど、なかなか
そうはならないですよね。

T弁護士　問題は、すべてをいったん停止せざるを得ない状況でどこまで
やるかでしょう。他の子どもたちもいる、授業も進めていかなければなら
ない中で、どこまでできるのか。

P弁護士　そうは言っても、現に「いじめ」が原因で苦しんでいると言っ
ている子がいるわけです。もちろん子どもが亡くなられた事案ですと、大
変なことだという緊張感から大多数の子どもも保護者も考えてくれるので、
ある程度調査は進めやすいでしょう。
　ですが、そうでないときの場合でも、当然、法律は調査を求めている以上、
学校が可能な限りできちんとした調査を尽くすべきです。

C教授　子どもの自殺に関わって保護者から「黙っていて欲しい」「隠し通
して欲しい」と懇願されることがあります。たとえば仙台市立中学校（2015
年8月に発覚）の事案では、自殺したことを隠して家族による密葬をし「転
校したことにして欲しい」と保護者の要請を受けて対応したが、後になっ
て「亡くなったことについて嘘をついていた」と非難されています。もち
ろん第三者委員会からは、部分的には「いじめがあった」と指摘されては
います。ことが起きてからどのようなプロセスでどのように調査を進めて
いくか。学校はまた違った感度を持たなければならなくなります。先ほど

言ったような生徒たちの様子をよく見るといった教師の資質に関わる感度とは違う感度や力量だろうと思います。

◆法の見直しに向けて

——今後の本法の改正に向けて、現時点でお考えのことをお聞かせください。

C教授　私としては、子どもの権利条約をベースにして、本法の解釈運営にあたっては子どもの発達の観点に立つことが明文化されることを望みたいです。そうすれば過度の「司法化」は避けられ、これまでに子どもの最善の利益の観点から良い意味で発揮されてきた学校の裁量もある程度残る余地があるのではないかと思います。Ｐ弁護士は法律家としてどうお考えですか？

Ｐ弁護士　本法ができたからこそ、わが子の「いじめ」被害に悩む親としては、弁護士を立てることを含めて法に基づいて請求することで打開を図ることができる可能性が高まったとして、大きな期待感を持っている人々も少なくないですね。保護者から相談を受けた弁護士としては、本法に従った請求活動で現場の多数の子どもたちの混乱が多少危惧されても、それよりも被害者の子への対応を優先せざるを得ないと判断するでしょう。

　わが子のいじめ被害の苦しみや痛みが、保護者の痛みとなり、それがときとして保護者を激しく攻撃的にすることがあります。その保護者の痛みや怒りは正当なものであり、学校には、その心情は受け止めて頂く必要があると思っています。

　他方、その怒りは、ときとして、子どもそっちのけで保護者独自の怒りとなって暴走してしまっていることもあります。そのような場合は、怒りの心情そ

のものは正当なものと受け止めつつ、その怒りの原点である「子どものため」というところに立ち戻って、怒りを静めて頂くよう働きかけることになります。

　学校及び保護者に一定の柱となる解釈指針・行動指針を示すという意味で、子どもの権利条約等で規定されている「子どもの最善の利益」の観点から解釈するというのは賛成です。

◆本法23条の問題点

C教授　3年後の見直しということを踏まえ、改正論・立法論から見た場合、特に教育現場の具体的な措置を定めている第23条（いじめに対する措置）については、どのように考えますか。

T弁護士　保護者の意向と子どもの意向にズレがあるかもしれないので、難しいところです。また、第23条は、「いじめ」の内容などを考慮せず、一律に一定の対応を求めているように見えるところがあり、もっと具体的な事案に即した対応を学校に認めるべきとも考えられます。

P弁護士　第23条は、学校や教師に一定の義務を課したものと考えられます。生徒・保護者側の権利として明確に規定しているわけではないのですが、過去、学校がいじめに対して十分に対応できていなかった点を踏まえて制定された経過からすると、法律がきちんと規定していることを、権利ではないと言ってしまうことに躊躇を覚えます。

T弁護士　どのような事案でも、第23条に定められたことをすべてしなくてはいけないということではないと思います。学校としてはできないこともあるし、しばらく様子を見た方が良いということもある。学校の裁量を許さないような方向性は問題です。

　たとえば加害者が10人も20人もいるのに、2、3日で一人ひとり調査せ

よというのは多分無理だと思います。今まで指摘があったように、単純に被害対加害に分けてしまうような構造は、本当にいじめのことをわかっているのか疑問です。

　それから、提言（本書「第4章　いじめ防止対策推進法見直しに向けた提言」）にも書いてありますが、「いじめ」の事案と「いじめ」の結果、不登校に至っている事案とで同じ法律の使い方をしても良いのかという問題があります。なんでも第三者調査をすれば良いのか、報告書を作れば良いのか。やはり事案に応じて一番適切な解決があると思うので、それも、もう少し考えなくてはならないと思います。

P弁護士　ただ、「いじめ」を受けた被害者を見守ります、と言いながら、実際の対応で子どもが放置されたのでは、まったく意味がありません。
被害者の保護者代理人としては、学校側に対し、仮にできないということなら、そのできないことについてどういう正当な理由があるのか説明しなさいと、説明できるのなら聞きましょう、という姿勢となります。

T弁護士　たとえば第23条4項では、いじめた生徒を教室以外の場所で学習させるような措置を講ずるものとすると規定しています。このように規定している以上、保護者としてはいじめた子を別室指導すべきだと考えるでしょう。しかし全部が全部それで良いわけではない。本来、別室指導は例外的な措置手段だと思います。そういう意味では誤解を招く可能性がある構造という感じはしますよね。

　また加害者について別室指導扱いがされたときには、クラスのほとんどの子どもたちには、それ以前の加害側と被害側の動きは見えているものですから、場合によっては、こんなことで晒し者にされるのか、と理不尽との思いを与えることが少なからず生じるのではないだろうかと危惧します。

C教授 やはり第23条に定めている方策は、「いじめ」の案件で、なんで
もかんでも取るべき方策ということではないでしょう。実際には、学校側
が具体的な計画・見通しをもって対応を行っているかが重要で、「子どもの
最善の利益」を考慮した上で、もし仮に学校側が一定の措置をとらないの
であれば、その合理的な理由を学校が保護者に説明できるかということが
一つの視点ではないでしょうか。

◆いじめの定義の再検討

C教授 やはり本法第2条の「いじめ」の定義は見直す必要があるとお考
えでしょうか。

T弁護士 再検討は必要だと思います。単純に被害の視点だけで決まって
しまう点が気にかかります。
　「いじめ」の定義については、平成3年9月26日に東京地裁八王子支部の
判決が判示した、いじめとは「学校及びその周辺において、生徒の間で、
一定の者から特定の者に対し、集中的、継続的に繰り返されるものであり、
具体的には、心理的なものとして『仲間はずし』、『無視』、『悪口』等が、
物理的なものとして、『物を隠す』、『物を壊す』等が、暴力的なものとして、
『殴る』、『蹴る』等が考えられる」といった実質論を考慮することも、バラ
ンスが取れていて良いのではないかと思っています。

P弁護士 法律の方向性として、被害者の主観に着目し、学校が対応する間
口を広げた点は評価すべきであると思います。私は、定義はこのままで、さ
らに「けんか」との区別も不要だと思っています。このように入口を広げて
しまって、とにかく被害申告があればそれに寄り添って動き出し、複数で見
立てと対応方法を検討するという、この初動が大事だと思います。放置をな
くすという趣旨です。その意味で、「いじめ」の定義を見直す必要はありません。

ただ、本法には、いじめの四層構造など複雑な背景が捨象され二者対立構造のとらえ方になってしまっているという課題があります。また、本法が予定している学校の体制が重装備かつ柔軟性がないように見えることから、それに過剰適応すると学校現場が回らず、ひいては「いじめ」対策が機能しない課題もあるように思います。これらについては、定義の問題ではなく、対応方法の段階の問題としてとらえ、その観点からの法改正の必要性はあると思います。

T弁護士　学校の先生方は経験から「いじめ」を感覚的にわかっていると思いますが、「いじめ」を法で定義すること自体が良いのかどうかという視点はあると思います。

　「いじめ」を定義するのは難しいと思います。子どもが嫌だと思うことを基準にしてしまうと、極端な話、なんでも「いじめ」になってしまう。たとえば昼休みに生徒がドッジボールをしていて、自分にボールを回してくれないだけで「いじめ」だと言う。ペンを貸してと言って貸してくれなかったから意地悪された、これは「いじめ」だと言う。

　学校現場が混乱を感じているのは、保護者がこの定義を使って、「いじめ」を学校側に対応を求める方法の一つにしていることにも原因があると思います。

◆弁護士としていじめ問題にどう向き合うか

C教授　私自身も大阪弁護士会の多くの先生方のお話を聞く機会があります。以前は「お母さんお父さん、それって子どものためになりますか？」と言ったときに、保護者がフッといったん止まって考える瞬間もあったけれども、今は親の気持ちに半分は寄り添わないと依頼を引き受けられないというのが印象的でした。弁護士が高度の専門的な知識を駆使しないと問題整理ができない。保護者を落ち着かせるのではなくて勝ち負けの方に行っ

てしまう、ソフトランディングではなくハードランディングの繰り返しです。どんどん先鋭化していきますね。

P弁護士　日本も批准している子どもの権利条約３条１項の趣旨に鑑み、いじめ問題についても、「子どもの最善の利益が主として考慮される」という価値基準が正しいと考えています。そして、実践的にも、この価値基準が中心にすえられているならば、必ずしも対立的な構図に陥ることなく、子どものためのより良い環境整備が実現できる道が開けてくると思います。もっとも、親も本法のことを学習していることが多くなるでしょうから、本法の規定に則った活動をするのかどうかを検討する姿勢を示さないと、弁護士としてのレベルを問われることにもなりかねません。保護者の想いを受け止めつつ抑えるべきは抑え、多様な検討をして適切な要求に形作っていくには、弁護士にも相当な力量が必要ではあります。

　ただ、残念ながら、「子どもに関する事柄は子どもの最善の利益が主として考慮されるべき」という価値基準を意識せずに、単純に、依頼者は保護者ととらえてしまうと、一般事件と同様に依頼者である保護者の求めに最大限応えるべきと考えて対応する弁護士も存在するのだろうと思います。そうなると、これだけ多くのことが法律に書いてあるから、弁護士もどんどん攻めることを検討する姿勢が保護者から求められ、子どもそっちのけで先鋭化した保護者と一緒になって学校攻撃をするということに陥るリスクがあります。

T弁護士　そうやって攻められると、学校はどんどん防御的になるわけです。学校に弁護士が入るのはレアなことで、表立って「学校の代理人弁護士です」と言うのは、教育委員会や市などの顧問弁護士ではないでしょうか。しかし、そうした顧問弁護士が教育的な配慮まで十分に検討されるかはわかりません。私は相談を受けると、どうしても「子どものことを第一に考えましょう」と言いますが、学校には学校の立場があるから、その範囲内

で子どもの権利を守って、という方向になってしまう。ソフトランディング
を目指すようにはしていますが。

C教授　たとえば、教育という営みや子どもの成長や発達、あるいは学校
のことをある程度は理解して行動するという、スクールロイヤーの専門家
認定をするというような議論は弁護士会の中でありますか？

T弁護士　きちんと認定しているわけではありませんが、任意の研修とし
て養成講座を行ったことはあります。

　スクールロイヤーについては、たとえば少年事件の付添人のように、子
どもの立場、保護者の立場の側の経験を積んだ上で担当して頂くのが良い
と思います。そうでないと、子どもの権利を守るという視点が不十分なま
ま学校側や行政側の弁護に立つということになります。スクールロイヤー
として相談を受けるといっても行政や学校の代理人になるわけではありま
せん。あくまでも子どもの視点で相談を受けるという話はして、ある程度
客観的な意見を出しながら、学校としてどうしたいのかを聞きながらアド
バイスをしているつもりです。

C教授　教育委員会の感度と学校の感度が違うのは確かですね。

T弁護士　顧問弁護士の場合は、最終的に行政側としては責任があるのか、
あるとしたらどのくらい賠償金を払わなければならないのかという視点が
ありますから、必ずしも教育的な視点ではないように思います。学校はそ
うじゃないんですけれどね。

P弁護士　個別の学校と定期的に学習会をしている弁護士グループもあり
ます。事業化されて費用が出るというところまでには至っていないので、
ボランティアですが。

C教授　学校としても、現場で困っているちょっとした質問もしやすいでしょうね。学校が抱え込みすぎていることを軽減する一つの処方箋かもしれませんね。

◆まとめ

——様々な問題が出されましたが、最後に、今後の解決の方策についてお一人ずつお願いします。

C教授　本法は拙速（せっそく）で議員立法により成立させたために、多くの問題点があることは、これまで述べたとおりです。最後にひとこと言わせて頂ければ、「いじめ」問題の発見と予防のすべてを学校や教職員が行うことには、そもそも限界があるということです。行政は学校に対して、最初から担いきれないものまで背負わせています。発想を転換する必要があります。子どもたちの力を育む、信頼を寄せていくという学校環境をどう作るかということです。教師が気づく前に「おまえ、やめろよ。嫌がっているじゃないか」と言い、「先生、○○さんの様子が気になります」と声に出せる風通しの良いクラスや部活、そして学校をどう作っていくかですね。風通しの良さが必要なのは教職員もです。口数の少ない、おとなしめの教師が、気づいた兆候をきちんと口に出せる職場であるかどうかが問われていると思います。

P弁護士　「子どもの最善の利益」を基軸にして考える。このことがそもそも共有化されていなかったり、抽象論としては理解されているが、具体的場面では学校側の保身であったり、親の感情であったりして、二の次になっていたり、目をつぶってしまっているのではないかと思えることがあります。「子どもの最善の利益」を基軸にして考えるということが常に共通認識となるような啓発活動が必要ではないかと思います。

　本法が被害者保護策を中心に規定している傾向への批判があります。子

どもの人権弁護士の立場としては、「いじめ」問題への対策について、被害を受けている子どもにどう救済策をとっていくのかが、最重要の課題であることは当然です。具体的な実践場面では、いじめかいじめでないかという定義論に拘泥するのではなく、嫌な思いをしたという子どもに常に寄り添い、その個別のことに対応するのだという組織論的割り切りをしてもらい、その後のアセスメントとプランニングの研鑽に重点を移す必要があります。

　アセスメントとプランニングの際には、現実のクラスや部活や通学路などの場に身を置いている子どもたちの多数の者の受け取りや配慮も必要不可欠と思っています。その意味で、被害者保護一辺倒のこの法の規定は、おさまりが良くないと感じています。被害の子、加害の子、それとともにその他多数の子への対処に気配りができている法律であって欲しいと切望しています。

Ｔ弁護士　学校現場に法律が適用されるということは、弁護士の立場からは当然ですが、教師の方々は、従来はあまり意識されてこなかったかもしれません。しかし、本法ができて、「いじめ」、ひいては学校で生じる様々な問題に法律の適用があることが鮮明になりました。

　現場の教師の方々にはとまどいもあったかもしれませんが、実は、従来から行ってこられたことを、法律を意識して実行するということも多いはずです。学校現場が、子どものことを中心にすえた実践を行っていれば、また、子どもの権利を守ることを意識した対応を心がけていれば、法律や裁判所はバックアップしてくれると思います。

　その意味で、学校も法律をうまく使いこなすということが必要だと思います。

資料

いじめ防止対策推進法
（平成 25 年法律第 71 号）

いじめ防止対策推進法

目次

第一章　総則

（目的）

第一条　この法律は、いじめが、いじめを受けた児童等の教育を受ける権利を著しく侵害し、その心身の健全な成長及び人格の形成に重大な影響を与えるのみならず、その生命又は身体に重大な危険を生じさせるおそれがあるものであることに鑑み、児童等の尊厳を保持するため、いじめの防止等（いじめの防止、いじめの早期発見及びいじめへの対処をいう。以下同じ。）のための対策に関し、基本理念を定め、国及び地方公共団体等の責務を明らかにし、並びにいじめの防止等のための対策に関する基本的な方針の策定について定めるとともに、いじめの防止等のための対策の基本となる事項を定めることにより、いじめの防止等のための対策を総合的かつ効果的に推進することを目的とする。

（定義）

第二条　この法律において「いじめ」とは、児童等に対して、当該児童等が在籍する学校に在籍している等当該児童等と一定の人的関係にある他の児童等が行う心理的又は物理的な影響を与える行為（インターネットを通じて行われるものを含む。）であって、当該行為の対象となった児童等が心身の苦痛を感じているものをいう。

2　この法律において「学校」とは、学校教育法（昭和二十二年法律第二十六号）第一条に規定する小学校、中学校、高等学校、中等教育学校及び特別支援学校（幼稚部を除く。）をいう。

3　この法律において「児童等」とは、学校に在籍する児童又は生徒をいう。

4　この法律において「保護者」とは、親権を行う者（親権を行う者のないときは、未成年後見人）をいう。

（基本理念）

第三条　いじめの防止等のための対策は、いじめが全ての児童等に関係する問題であることに鑑み、児童等が安心して学習その他の活動に取り組むことができるよう、学校の内外を問わずいじめが行われなくなるようにすることを旨として行われなければならない。

2　いじめの防止等のための対策は、全ての児童等がいじめを行わず、及び他の児童等に対して行われるいじめを認識しながらこれを放置することがないようにするため、いじめが児童等の心身に及ぼす影響その他のいじめの問題に関する児童等の理解を深めることを旨として行われなければならない。

3　いじめの防止等のための対策は、いじめを受けた児童等の生命及び心身を保護することが特に重要であることを認識しつつ、国、地方公共団体、学校、地域住民、家庭その他の関係者の連携の下、いじめの問題を克服することを目指して行われなければならない。

（いじめの禁止）

第四条　児童等は、いじめを行ってはならない。

（国の責務）

第五条 国は、第三条の基本理念（以下「基本理念」という。）にのっとり、いじめの防止等のための対策を総合的に策定し、及び実施する責務を有する。

（地方公共団体の責務）

第六条 地方公共団体は、基本理念にのっとり、いじめの防止等のための対策について、国と協力しつつ、当該地域の状況に応じた施策を策定し、及び実施する責務を有する。

（学校の設置者の責務）

第七条 学校の設置者は、基本理念にのっとり、その設置する学校におけるいじめの防止等のために必要な措置を講ずる責務を有する。

（学校及び学校の教職員の責務）

第八条 学校及び学校の教職員は、基本理念にのっとり、当該学校に在籍する児童等の保護者、地域住民、児童相談所その他の関係者との連携を図りつつ、学校全体でいじめの防止及び早期発見に取り組むとともに、当該学校に在籍する児童等がいじめを受けていると思われるときは、適切かつ迅速にこれに対処する責務を有する。

（保護者の責務等）

第九条 保護者は、子の教育について第一義的責任を有するものであって、その保護する児童等がいじめを行うことのないよう、当該児童等に対し、規範意識を養うための指導その他の必要な指導を行うよう努めるものとする。

2　保護者は、その保護する児童等がいじめを受けた場合には、適切に当該児童等をいじめから保護するものとする。

3　保護者は、国、地方公共団体、学校の設置者及びその設置する学校が講ずるいじめの防止等のための措置に協力するよう努めるものとする。

4　第一項の規定は、家庭教育の自主性が尊重されるべきことに変更を加えるものと解してはならず、また、前三項の規定は、いじめの防止等に関する学校の設

置者及びその設置する学校の責任を軽減するものと解してはならない。

（財政上の措置等）

第十条　国及び地方公共団体は、いじめの防止等のための対策を推進するために必要な財政上の措置その他の必要な措置を講ずるよう努めるものとする。

第二章　いじめ防止基本方針等

（いじめ防止基本方針）

第十一条　文部科学大臣は、関係行政機関の長と連携協力して、いじめの防止等のための対策を総合的かつ効果的に推進するための基本的な方針（以下「いじめ防止基本方針」という。）を定めるものとする。

2　いじめ防止基本方針においては、次に掲げる事項を定めるものとする。

一　いじめの防止等のための対策の基本的な方向に関する事項

二　いじめの防止等のための対策の内容に関する事項

三　その他いじめの防止等のための対策に関する重要事項

（地方いじめ防止基本方針）

第十二条　地方公共団体は、いじめ防止基本方針を参酌し、その地域の実情に応じ、当該地方公共団体におけるいじめの防止等のための対策を総合的かつ効果的に推進するための基本的な方針（以下「地方いじめ防止基本方針」という。）を定めるよう努めるものとする。

（学校いじめ防止基本方針）

第十三条　学校は、いじめ防止基本方針又は地方いじめ防止基本方針を参酌し、その学校の実情に応じ、当該学校におけるいじめの防止等のための対策に関する基本的な方針を定めるものとする。

（いじめ問題対策連絡協議会）

第十四条　地方公共団体は、いじめの防止等に関係する機関及び団体の連携を図

るため、条例の定めるところにより、学校、教育委員会、児童相談所、法務局又は地方法務局、都道府県警察その他の関係者により構成されるいじめ問題対策連絡協議会を置くことができる。

2　都道府県は、前項のいじめ問題対策連絡協議会を置いた場合には、当該いじめ問題対策連絡協議会におけるいじめの防止等に関係する機関及び団体の連携が当該都道府県の区域内の市町村が設置する学校におけるいじめの防止等に活用されるよう、当該いじめ問題対策連絡協議会と当該市町村の教育委員会との連携を図るために必要な措置を講ずるものとする。

3　前二項の規定を踏まえ、教育委員会といじめ問題対策連絡協議会との円滑な連携の下に、地方いじめ防止基本方針に基づく地域におけるいじめの防止等のための対策を実効的に行うようにするため必要があるときは、教育委員会に附属機関として必要な組織を置くことができるものとする。

第三章　基本的施策

（学校におけるいじめの防止）

第十五条　学校の設置者及びその設置する学校は、児童等の豊かな情操と道徳心を培い、心の通う対人交流の能力の素地を養うことがいじめの防止に資することを踏まえ、全ての教育活動を通じた道徳教育及び体験活動等の充実を図らなければならない。

2　学校の設置者及びその設置する学校は、当該学校におけるいじめを防止するため、当該学校に在籍する児童等の保護者、地域住民その他の関係者との連携を図りつつ、いじめの防止に資する活動であって当該学校に在籍する児童等が自主的に行うものに対する支援、当該学校に在籍する児童等及びその保護者並びに当該学校の教職員に対するいじめを防止することの重要性に関する理解を深めるための啓発その他必要な措置を講ずるものとする。

（いじめの早期発見のための措置）

第十六条　学校の設置者及びその設置する学校は、当該学校におけるいじめを早期に発見するため、当該学校に在籍する児童等に対する定期的な調査その他の必

要な措置を講ずるものとする。

2　国及び地方公共団体は、いじめに関する通報及び相談を受け付けるための体制の整備に必要な施策を講ずるものとする。

3　学校の設置者及びその設置する学校は、当該学校に在籍する児童等及びその保護者並びに当該学校の教職員がいじめに係る相談を行うことができる体制（次項において「相談体制」という。）を整備するものとする。

4　学校の設置者及びその設置する学校は、相談体制を整備するに当たっては、家庭、地域社会等との連携の下、いじめを受けた児童等の教育を受ける権利その他の権利利益が擁護されるよう配慮するものとする。

（関係機関等との連携等）

第十七条　国及び地方公共団体は、いじめを受けた児童等又はその保護者に対する支援、いじめを行った児童等に対する指導又はその保護者に対する助言その他のいじめの防止等のための対策が関係者の連携の下に適切に行われるよう、関係省庁相互間その他関係機関、学校、家庭、地域社会及び民間団体の間の連携の強化、民間団体の支援その他必要な体制の整備に努めるものとする。

（いじめの防止等のための対策に従事する人材の確保及び資質の向上）

第十八条　国及び地方公共団体は、いじめを受けた児童等又はその保護者に対する支援、いじめを行った児童等に対する指導又はその保護者に対する助言その他のいじめの防止等のための対策が専門的知識に基づき適切に行われるよう、教員の養成及び研修の充実を通じた教員の資質の向上、生徒指導に係る体制等の充実のための教諭、養護教諭その他の教員の配置、心理、福祉等に関する専門的知識を有する者であっていじめの防止を含む教育相談に応じるものの確保、いじめへの対処に関し助言を行うために学校の求めに応じて派遣される者の確保等必要な措置を講ずるものとする。

2　学校の設置者及びその設置する学校は、当該学校の教職員に対し、いじめの防止等のための対策に関する研修の実施その他のいじめの防止等のための対策に関する資質の向上に必要な措置を計画的に行わなければならない。

（インターネットを通じて行われるいじめに対する対策の推進）

第十九条　学校の設置者及びその設置する学校は、当該学校に在籍する児童等及びその保護者が、発信された情報の高度の流通性、発信者の匿名性その他のインターネットを通じて送信される情報の特性を踏まえて、インターネットを通じて行われるいじめを防止し、及び効果的に対処することができるよう、これらの者に対し、必要な啓発活動を行うものとする。

2　国及び地方公共団体は、児童等がインターネットを通じて行われるいじめに巻き込まれていないかどうかを監視する関係機関又は関係団体の取組を支援するとともに、インターネットを通じて行われるいじめに関する事案に対処する体制の整備に努めるものとする。

3　インターネットを通じていじめが行われた場合において、当該いじめを受けた児童等又はその保護者は、当該いじめに係る情報の削除を求め、又は発信者情報（特定電気通信役務提供者の損害賠償責任の制限及び発信者情報の開示に関する法律（平成十三年法律第百三十七号）第四条第一項に規定する発信者情報をいう。）の開示を請求しようとするときは、必要に応じ、法務局又は地方法務局の協力を求めることができる。

（いじめの防止等のための対策の調査研究の推進等）

第二十条　国及び地方公共団体は、いじめの防止及び早期発見のための方策等、いじめを受けた児童等又はその保護者に対する支援及びいじめを行った児童等に対する指導又はその保護者に対する助言の在り方、インターネットを通じて行われるいじめへの対応の在り方その他のいじめの防止等のために必要な事項やいじめの防止等のための対策の実施の状況についての調査研究及び検証を行うとともに、その成果を普及するものとする。

（啓発活動）

第二十一条　国及び地方公共団体は、いじめが児童等の心身に及ぼす影響、いじめを防止することの重要性、いじめに係る相談制度又は救済制度等について必要な広報その他の啓発活動を行うものとする。

第四章　いじめの防止等に関する措置

（学校におけるいじめの防止等の対策のための組織）

第二十二条　学校は、当該学校におけるいじめの防止等に関する措置を実効的に行うため、当該学校の複数の教職員、心理、福祉等に関する専門的な知識を有する者その他の関係者により構成されるいじめの防止等の対策のための組織を置くものとする。

（いじめに対する措置）

第二十三条　学校の教職員、地方公共団体の職員その他の児童等からの相談に応じる者及び児童等の保護者は、児童等からいじめに係る相談を受けた場合において、いじめの事実があると思われるときは、いじめを受けたと思われる児童等が在籍する学校への通報その他の適切な措置をとるものとする。

2　学校は、前項の規定による通報を受けたときその他当該学校に在籍する児童等がいじめを受けていると思われるときは、速やかに、当該児童等に係るいじめの事実の有無の確認を行うための措置を講ずるとともに、その結果を当該学校の設置者に報告するものとする。

3　学校は、前項の規定による事実の確認によりいじめがあったことが確認された場合には、いじめをやめさせ、及びその再発を防止するため、当該学校の複数の教職員によって、心理、福祉等に関する専門的な知識を有する者の協力を得つつ、いじめを受けた児童等又はその保護者に対する支援及びいじめを行った児童等に対する指導又はその保護者に対する助言を継続的に行うものとする。

4　学校は、前項の場合において必要があると認めるときは、いじめを行った児童等についていじめを受けた児童等が使用する教室以外の場所において学習を行わせる等いじめを受けた児童等その他の児童等が安心して教育を受けられるようにするために必要な措置を講ずるものとする。

5　学校は、当該学校の教職員が第三項の規定による支援又は指導若しくは助言を行うに当たっては、いじめを受けた児童等の保護者といじめを行った児童等の保護者との間で争いが起きることのないよう、いじめの事案に係る情報をこれらの保護者と共有するための措置その他の必要な措置を講ずるものとする。

6 　学校は、いじめが犯罪行為として取り扱われるべきものであると認めるときは所轄警察署と連携してこれに対処するものとし、当該学校に在籍する児童等の生命、身体又は財産に重大な被害が生じるおそれがあるときは直ちに所轄警察署に通報し、適切に、援助を求めなければならない。

（学校の設置者による措置）
第二十四条 　学校の設置者は、前条第二項の規定による報告を受けたときは、必要に応じ、その設置する学校に対し必要な支援を行い、若しくは必要な措置を講ずることを指示し、又は当該報告に係る事案について自ら必要な調査を行うものとする。

（校長及び教員による懲戒）
第二十五条 　校長及び教員は、当該学校に在籍する児童等がいじめを行っている場合であって教育上必要があると認めるときは、学校教育法第十一条の規定に基づき、適切に、当該児童等に対して懲戒を加えるものとする。

（出席停止制度の適切な運用等）
第二十六条 　市町村の教育委員会は、いじめを行った児童等の保護者に対して学校教育法第三十五条第一項（同法第四十九条において準用する場合を含む。）の規定に基づき当該児童等の出席停止を命ずる等、いじめを受けた児童等その他の児童等が安心して教育を受けられるようにするために必要な措置を速やかに講ずるものとする。

（学校相互間の連携協力体制の整備）
第二十七条 　地方公共団体は、いじめを受けた児童等といじめを行った児童等が同じ学校に在籍していない場合であっても、学校がいじめを受けた児童等又はその保護者に対する支援及びいじめを行った児童等に対する指導又はその保護者に対する助言を適切に行うことができるようにするため、学校相互間の連携協力体制を整備するものとする。

第五章　重大事態への対処

（学校の設置者又はその設置する学校による対処）

第二十八条　学校の設置者又はその設置する学校は、次に掲げる場合には、その事態（以下「重大事態」という。）に対処し、及び当該重大事態と同種の事態の発生の防止に資するため、速やかに、当該学校の設置者又はその設置する学校の下に組織を設け、質問票の使用その他の適切な方法により当該重大事態に係る事実関係を明確にするための調査を行うものとする。

一　いじめにより当該学校に在籍する児童等の生命、心身又は財産に重大な被害が生じた疑いがあると認めるとき。

二　いじめにより当該学校に在籍する児童等が相当の期間学校を欠席することを余儀なくされている疑いがあると認めるとき。

2　学校の設置者又はその設置する学校は、前項の規定による調査を行ったときは、当該調査に係るいじめを受けた児童等及びその保護者に対し、当該調査に係る重大事態の事実関係等その他の必要な情報を適切に提供するものとする。

3　第一項の規定により学校が調査を行う場合においては、当該学校の設置者は、同項の規定による調査及び前項の規定による情報の提供について必要な指導及び支援を行うものとする。

（国立大学に附属して設置される学校に係る対処）

第二十九条　国立大学法人（国立大学法人法（平成十五年法律第百十二号）第二条第一項に規定する国立大学法人をいう。以下この条において同じ。）が設置する国立大学に附属して設置される学校は、前条第一項各号に掲げる場合には、当該国立大学法人の学長を通じて、重大事態が発生した旨を、文部科学大臣に報告しなければならない。

2　前項の規定による報告を受けた文部科学大臣は、当該報告に係る重大事態への対処又は当該重大事態と同種の事態の発生の防止のため必要があると認めるときは、前条第一項の規定による調査の結果について調査を行うことができる。

3　文部科学大臣は、前項の規定による調査の結果を踏まえ、当該調査に係る国立大学法人又はその設置する国立大学に附属して設置される学校が当該調査に係

る重大事態への対処又は当該重大事態と同種の事態の発生の防止のために必要な措置を講ずることができるよう、国立大学法人法第三十五条において準用する独立行政法人通則法（平成十一年法律第百三号）第六十四条第一項に規定する権限の適切な行使その他の必要な措置を講ずるものとする。

（公立の学校に係る対処）

第三十条　地方公共団体が設置する学校は、第二十八条第一項各号に掲げる場合には、当該地方公共団体の教育委員会を通じて、重大事態が発生した旨を、当該地方公共団体の長に報告しなければならない。

2　前項の規定による報告を受けた地方公共団体の長は、当該報告に係る重大事態への対処又は当該重大事態と同種の事態の発生の防止のため必要があると認めるときは、附属機関を設けて調査を行う等の方法により、第二十八条第一項の規定による調査の結果について調査を行うことができる。

3　地方公共団体の長は、前項の規定による調査を行ったときは、その結果を議会に報告しなければならない。

4　第二項の規定は、地方公共団体の長に対し、地方教育行政の組織及び運営に関する法律（昭和三十一年法律第百六十二号）第二十三条に規定する事務を管理し、又は執行する権限を与えるものと解釈してはならない。

5　地方公共団体の長及び教育委員会は、第二項の規定による調査の結果を踏まえ、自らの権限及び責任において、当該調査に係る重大事態への対処又は当該重大事態と同種の事態の発生の防止のために必要な措置を講ずるものとする。

（私立の学校に係る対処）

第三十一条　学校法人（私立学校法（昭和二十四年法律第二百七十号）第三条に規定する学校法人をいう。以下この条において同じ。）が設置する学校は、第二十八条第一項各号に掲げる場合には、重大事態が発生した旨を、当該学校を所轄する都道府県知事（以下この条において単に「都道府県知事」という。）に報告しなければならない。

2　前項の規定による報告を受けた都道府県知事は、当該報告に係る重大事態への対処又は当該重大事態と同種の事態の発生の防止のため必要があると認めると

きは、附属機関を設けて調査を行う等の方法により、第二十八条第一項の規定による調査の結果について調査を行うことができる。

3　都道府県知事は、前項の規定による調査の結果を踏まえ、当該調査に係る学校法人又はその設置する学校が当該調査に係る重大事態への対処又は当該重大事態と同種の事態の発生の防止のために必要な措置を講ずることができるよう、私立学校法第六条に規定する権限の適切な行使その他の必要な措置を講ずるものとする。

4　前二項の規定は、都道府県知事に対し、学校法人が設置する学校に対して行使することができる権限を新たに与えるものと解釈してはならない。

第三十二条　学校設置会社（構造改革特別区域法（平成十四年法律第百八十九号）第十二条第二項に規定する学校設置会社をいう。以下この条において同じ。）が設置する学校は、第二十八条第一項各号に掲げる場合には、当該学校設置会社の代表取締役又は代表執行役を通じて、重大事態が発生した旨を、同法第十二条第一項の規定による認定を受けた地方公共団体の長（以下「認定地方公共団体の長」という。）に報告しなければならない。

2　前項の規定による報告を受けた認定地方公共団体の長は、当該報告に係る重大事態への対処又は当該重大事態と同種の事態の発生の防止のため必要があると認めるときは、附属機関を設けて調査を行う等の方法により、第二十八条第一項の規定による調査の結果について調査を行うことができる。

3　認定地方公共団体の長は、前項の規定による調査の結果を踏まえ、当該調査に係る学校設置会社又はその設置する学校が当該調査に係る重大事態への対処又は当該重大事態と同種の事態の発生の防止のために必要な措置を講ずることができるよう、構造改革特別区域法第十二条第十項に規定する権限の適切な行使その他の必要な措置を講ずるものとする。

4　前二項の規定は、認定地方公共団体の長に対し、学校設置会社が設置する学校に対して行使することができる権限を新たに与えるものと解釈してはならない。

5　第一項から前項までの規定は、学校設置非営利法人（構造改革特別区域法第十三条第二項に規定する学校設置非営利法人をいう。）が設置する学校について

準用する。この場合において、第一項中「学校設置会社の代表取締役又は代表執行役」とあるのは「学校設置非営利法人の代表権を有する理事」と、「第十二条第一項」とあるのは「第十三条第一項」と、第二項中「前項」とあるのは「第五項において準用する前項」と、第三項中「前項」とあるのは「第五項において準用する前項」と、「学校設置会社」とあるのは「学校設置非営利法人」と、「第十二条第十項」とあるのは「第十三条第三項において準用する同法第十二条第十項」と、前項中「前二項」とあるのは「次項において準用する前二項」と読み替えるものとする。

（文部科学大臣又は都道府県の教育委員会の指導、助言及び援助）

第三十三条　地方自治法（昭和二十二年法律第六十七号）第二百四十五条の四第一項の規定によるほか、文部科学大臣は都道府県又は市町村に対し、都道府県の教育委員会は市町村に対し、重大事態への対処に関する都道府県又は市町村の事務の適正な処理を図るため、必要な指導、助言又は援助を行うことができる。

第六章　雑則

（学校評価における留意事項）

第三十四条　学校の評価を行う場合においていじめの防止等のための対策を取り扱うに当たっては、いじめの事実が隠蔽されず、並びにいじめの実態の把握及びいじめに対する措置が適切に行われるよう、いじめの早期発見、いじめの再発を防止するための取組等について適正に評価が行われるようにしなければならない。

（高等専門学校における措置）

第三十五条　高等専門学校（学校教育法第一条に規定する高等専門学校をいう。以下この条において同じ。）の設置者及びその設置する高等専門学校は、当該高等専門学校の実情に応じ、当該高等専門学校に在籍する学生に係るいじめに相当する行為の防止、当該行為の早期発見及び当該行為への対処のための対策に関し必要な措置を講ずるよう努めるものとする。

附　則

（施行期日）

第一条　この法律は、公布の日から起算して三月を経過した日から施行する。

（検討）

第二条　いじめの防止等のための対策については、この法律の施行後三年を目途として、この法律の施行状況等を勘案し、検討が加えられ、必要があると認められるときは、その結果に基づいて必要な措置が講ぜられるものとする。

2　政府は、いじめにより学校における集団の生活に不安又は緊張を覚えることとなったために相当の期間学校を欠席することを余儀なくされている児童等が適切な支援を受けつつ学習することができるよう、当該児童等の学習に対する支援の在り方についての検討を行うものとする。

理　由

いじめが、いじめを受けた児童等の教育を受ける権利を著しく侵害し、その心身の健全な成長及び人格の形成に重大な影響を与えるのみならず、その生命又は身体に重大な危険を生じさせるおそれがあるものであることに鑑み、いじめの防止等のための対策を総合的かつ効果的に推進するため、いじめの防止等のための対策に関し、基本理念を定め、国及び地方公共団体等の責務を明らかにし、並びにいじめの防止等のための対策に関する基本的な方針の策定について定めるとともに、いじめの防止等のための対策の基本となる事項を定める必要がある。これが、この法律案を提出する理由である。

お問合せ先
初等中等教育局児童生徒課

（初等中等教育局児童生徒課）
—登録：平成 25 年 07 月—

▶おわりに

　本書の執筆の母体は、大阪弁護士会 子どもの権利委員会学校部会に所属する有志の勉強会である「いじめ問題研究会」です。

　近時、全国で「いじめ」を調査する第三者調査委員会が開催されることが増えていますが、いじめ問題研究会では、大津市で発生した中学生のいじめ自殺事件をきっかけに、各地で開催されるようになった第三者調査委員会に対し、弁護士として適切に対応できるよう研究を行ってきました。この間に「いじめ防止対策推進法」（以下、本法）が成立、施行されました。

　このような社会状況の下、学校部会所属の瀬戸則夫弁護士は、保護者から依頼された「いじめ」案件処理の経験を踏まえて、新たに成立した本法について独自に研究を行い、「解釈私論」として、いじめ問題研究会に提出されました。「解釈私論」は、「いじめ防止対策推進法」の中には問題提起型の条項がかなり含まれていることから、解釈論が定着するまでには教員も保護者も従来とは異なった対応が求められことになって、学校現場だけでなく、関係する弁護士の活動上も大きな混乱を招く危険性があるとの問題意識から、親代理人の立場から解釈の試論を提起するものでした。いじめ問題研究会では、「解釈私論」をもとに、有志が集まって定期的に会議を行い、約1年かけて議論を尽くしました。このときの様々な立場からの熱い議論が、（そのままではありませんが）本書の鼎談として残されています。この議論の結果は、平成27年2月7日、「いじめ新法で何が変わるか 〜増える「いじめ」相談に弁護士としてどう対応する？ 〜」と題して大

阪弁護士会で実施されたシンポジウムで発表されました（教育関係者も含め200名以上が参加）。

　まもなく本法が成立して4年目を迎えようとしています。「いじめ防止対策推進法」が制定され現在まで「いじめ」と学校を取り巻く環境も大きく変わりました。「いじめ」に対する社会の目は、きわめて厳しいものとなりました。いじめの被害者の側にしろ、学校・教師の立場にしろ、弁護士が教育に関わる場面が増えてきているというのは、弁護士共通の認識です。では、学校現場は、どうでしょうか。教育の現場である学校において、今まで以上に、法的知識が必要となる場面が出てきています。しかし、学校現場では、法律の制定を踏まえ法的対応の必要は十分理解されながら、まだまだ戸惑いの声や学校が保護者対応に苦慮されているとの話もお聞きすることがあります。その一方で、学校が十分対応してくれないという声が、保護者から上がることも見受けられるところです。しかし、学校と保護者とは、本来、対立するものではありません。本書のディスカッションのように、「子どもたちの権利を守る」というキーワードでつながることができるはずです。

　本書が、「子どもの権利を守る」ために、日夜思い悩んでおられる保護者、教師にとって、そして、何より苦しんでいる子どもたちにとって、少しでも「いじめ」対応の手助けとなれば幸いです。

出版事務局を代表して
山口崇法律事務所
山口 崇

執筆者一覧■足立　啓成（あだち・ひろしげ）：木村・浦川・片山法律事務所

奥野　祐希（おくの・ゆうき）：上原綜合法律事務所

尾田　将彦（おだ・まさひこ）：招和法律事務所

越智　健文（おち・たけふみ）：おあしす総合法律事務所

笠原　麻央（かさはら・まお）：老松通り法律事務所

加藤　慶子（かとう・けいこ）：法律事務所豊凜

小西　智子（こにし・ともこ）：えびす法律事務所

清水　　周（しみず・あまね）：吉田・西枝法律事務所

瀬戸　則夫（せと・のりお）：いぶき法律事務所

玉野　まりこ（たまの・まりこ）：弁護士法人フォーラム大阪法律事務所

中谷　　彩（なかや・あや）：藤木新生法律事務所

西村　英一郎（にしむら・えいいちろう）：きずな法律事務所

藤木　邦顕（ふじき・くにあき）：豊中総合法律事務所

松浦　真弓（まつうら・まゆみ）：法テラス阪神法律事務所

三木　憲明（みき・のりあき）：いぶき法律事務所

柳本　千恵（やなもと・ちえ）：松森・高江法律事務所

山口　　崇（やまぐち・たかし）：山口崇法律事務所

横山　　巌（よこやま・いわお）：法律事務所豊凜

渡邊　　徹（わたなべ・とおる）：弁護士法人淀屋橋・山上合同

（以上、平成 29 年 1 月 26 日現在）

事例と対話で学ぶ
「いじめ」の法的対応

2017 年 3 月 5 日　初 刷 発 行
2017 年 7 月 15 日　第 2 刷発行

編　著■大阪弁護士会 子どもの権利委員会 いじめ問題研究会
発行者■大塚　智孝
発行所■株式会社 エイデル研究所
　　　　〒 102-0073　東京都千代田区九段北 4-1-9
　　　　TEL. 03-3234-4641／FAX. 03-3234-4644
編 集 担 当■熊谷　耕／村上　拓郎
装丁デザイン■山城　由（surmometer inc.）
装丁イラスト■平井　利和
本文 DTP■大倉　充博
印刷・製本■中央精版印刷株式会社